CEO를 위한 생성 AI

인공지능총서

인공지능 시대입니다. 기계가 인간의 인지를 대신하고, 사물이 인간을 통하지 않고 다른 사물과 직접 커뮤니케이션합니다. 이에 따른 인간 삶과 문명 변화를 정확히 이해·예측·대응하는 것은 이 시대 우리 모두의 과제입니다. 인공지능총서는 인공지능 기술과 환경의 여러 주제를 10가지 키워드로 정리합니다. 관련 개념과 이론, 학계와 산업계의 쟁점, 우리 일상의 변화를 다룹니다. 인간과 기술의 현재, 미래를 세심히 분석합니다.

일러두기

- 인명, 작품명, 저서명, 개념어 등은 한글과 함께 괄호 안에 해당 국가의 원어를 병기했습니다.
- 외래어 표기는 현행 어문규정의 외래어표기법을 따랐습니다.

CEO를 위한 생성 AI

윤두희

대한민국, 서울, 커뮤니케이션북스, 2024

CEO를 위한 생성 AI

지은이 윤두희
펴낸이 박영률

초판 1쇄 펴낸날 2024년 10월 14일

커뮤니케이션북스(주)
출판 등록 2007년 8월 17일 제313-2007-000166호
02880 서울시 성북구 성북로 5-11
전화(02) 7474 001, 팩스(02) 736 5047
commbooks@commbooks.com
www.commbooks.com

ISBN 979-11-288-6847-4 03500

책값은 뒤표지에 표시되어 있습니다.

차례

생성 AI를 통한 CEO의 변화와 혁신

지금은 기술 혁신의 시대다. 빅데이터, 클라우드, 인공지능, 사물인터넷(IoT) 등 다양한 기술이 우리의 일상과 비즈니스 환경을 급격히 변화시키고 있다. 그중에서도 인공지능(AI)은 특히 주목받고 있는 기술이다. 현재 우리는 AI 시대에 살고 있다. 새로운 변화와 혁신의 문턱에서 있다. 그리고 AI는 비즈니스의 판도를 바꾸어 놓고 있다. 새로운 시대에 생존하고 변화와 혁신에 성공하기 위해서 우리는 AI 기술을 잘 이해하고 최대한 활용해야 한다. 이 책은 AI 시대의 변화를 이해하고, 생성 AI를 통해 기업의 성장과 혁신을 도모하고자 하는 CEO를 위한 지침서다. 생성 AI의 기본 개념부터 활용 전략, 적용 사례, 애플리케이션 구축까지 다양한 내용을 다루며, 생성 AI를 통해 어떻게 변화와 혁신을 이끌어 낼 수 있는지에 대한 가이드를 제공한다.

CEO의 역할 변화

기본적으로 CEO는 본인의 생각과 경험으로 전략적 의

사 결정을 하고 조직의 방향성을 정한다. 그런데 인공지능 시대에는 감당 안 될 정도로 많은 정보와 기술이 쏟아진다. 사람이 생각하고 경험해 볼 수 있는 영역을 뛰어넘고 있다. 그래서 CEO는 전략적 의사 결정을 내리거나 비즈니즈 방향을 정하는 데 어려움이 많다. 이런 어려움을 해결하기 위해서 AI가 필요하다. AI를 활용하거나 AI와 파트너처럼 협력해 업무를 보며 비즈니스 의사 결정을 하고, 새로운 비즈니스 모델과 전략을 창출해야 하는 상황이다.

AI 중 하나로 생성 AI(Generative AI)가 있다. 생성 AI는 텍스트, 이미지, 음악, 영상, 코드 등 다양한 형태의 콘텐츠를 생성하는 능력을 가지고 있다. 이 생성 AI 활용을 통해서 CEO는 변화와 혁신을 이룰수 있다. 생성 AI 자체가 혁신적인 도구이기 때문에 이 생성 AI를 잘 다루고 활용한다면 자연스럽게 변화와 혁신을 이룰 수 있을 것이다.

생성 AI의 역할과 활용

생성 AI는 마케팅, 콘텐츠 생성, 제품 개발, 고객 서비스, 데이터 분석, 프로그램 개발 등 다양한 분야에서 혁신을 가능하게 한다. 예를 들면 마케팅 팀은 생성 AI를 활용해 마케팅 전략을 수립해서 콘텐츠 제작 및 광고 캠페인을 진행하고, 제품 개발팀은 새로운 제품디자인 아이디어와 이미지, 목업을 얻을 수 있다. 고객 서비스 팀은 고객의 문의에 신속하고 정확하게 대응할 수 있다. 기획팀에서는 데이터 기반 의사 결정을 위한 데이터 분석을 할 수 있다. 개발팀에서는 프로그램 코딩을 통해 맞춤형 애플리케이션을 개발할 수 있다. 이 외에도 수많은 업무를 생성 AI로 진행할 수 있다.

또 생성 AI는 혁신의 속도를 가속화할 수 있는 도구다. 전통적인 혁신의 과정은 시간이 많이 소요되고, 많은 자원이 필요하다. 그러나 생성 AI는 새로운 아이디어를 제시하고, 무언가를 빠르게 생성해서 실험하고 검증할 수 있는 환경을 제공한다. 그리고 이러한 과정을 자동화하고, 더 빠르고 효율적으로 혁신을 끌어낼 수 있다. 이는 기업이 시장의 변화에 빠르게 대응하고, 적응할 수 있게 하고, 경쟁 우위를 유지할 수 있게 한다. 예를 들어 생성 AI는 제품 개발 과정에서 빠르게 새로운 디자인을 제안하고, 이를 시뮬레이션해 최적의 결과를 도출할 수 있고, 고객의 요구 사항을 분석해 맞춤형 제품과 서비스를 제공하는 데 도움을 준다.

또 생성 AI는 기업 내부의 운영 효율성을 극대화하는

데도 기여할 수 있다. 예를 들어, 반복적이고 시간이 많이 소요되는 업무를 자동화함으로써 직원들이 더욱 창의적이고 전략적인 업무에 집중할 수 있도록 도와준다. 또는 조직 내의 다양한 데이터를 분석해 업무 프로세스를 최적화하고, 효율성을 높일 수 있다. 이는 기업의 생산성을 높이고, 직원들의 만족도를 향상하는 데 중요한 역할을 한다.

그러나 생성 AI의 도입과 활용에는 여러 가지 도전 과제가 따른다. 생성 AI에 대한 기술적인 문제뿐만 아니라, 비즈니스 전략 부재, 전문성 있는 인력 부재, 보안 문제, 법적인 문제, 윤리적인 문제 등이 있다. 이렇게 여러 어려움들이 있지만, 생성 AI의 장점과 활용 가치가 생성 AI 활용 시 어려움보다 더 크다. 우리는 문제의 AI가 아닌 엄청난 잠재력과 혁신성을 가진 생성 AI를 바라봐야 한다. 생성 AI를 통한 혁신이 도전 과제보다 더 크기 때문에 우리는 생성 AI를 적극적으로 활용해야 한다. 생성 AI를 전략적 파트너로 생각하고 비즈니스와 조직의 생산성과 효율을 높이는 데 사용해야 한다.

진정한 혁신의 시작

많은 CEO들이 AI를 처음 접하거나 AI에 대한 기본적인 지식은 갖추고 있지만, 이를 실제 비즈니스에 어떻게 적용할지에 대해서는 막연한 두려움과 불확실성을 느끼고 있다. 필자도 두려움과 불확실성을 겪었다. 이는 자연스러운 현상이다. 새로운 기술을 도입하는 과정에서 생각할 것이 많다. 하지만 이러한 두려움을 극복하고 실행에 옮기는 것이 진정한 혁신의 시작이다. 그래서 우리에게 결단과 실행이 필요하다. AI 지식은 좋은 출발점이지만, 그것만으로는 충분하지 않다. 실제로 실행해 보고, 지속적으로 개선해 나가는 과정이 필요하다. 그리고 CEO뿐만 아니라 조직 내 모든 구성원이 AI의 가치를 이해하고, AI를 적극적으로 활용할 수 있는 조직 문화가 필요하다.

LLM을 활용한 비즈니스 혁신

차세대 생성 AI 애플리케이션 구축의 핵심은 거대 언어 모델(Large Language Model: LLM)을 활용한 비즈니스 혁신에 있다. LLM은 방대한 양의 데이터를 학습해 자연어 처리(NLP) 능력을 극대화한 인공지능 모델로, 이를 통해 다양한 비즈니스 분야에서 혁신적인 변화를 이끌어 낼 수 있다. LLM을 활용한 비즈니스 혁신의 사례를 살펴보자.

첫째, 고객 서비스 분야에서의 혁신이다. 전통적인 고

객 서비스는 주로 사람에 의존해 왔으나, LLM을 활용하면 24시간 자동화된 고객 지원 시스템을 구축할 수 있다. 예를 들어, LLM 기반의 챗봇은 고객의 질문에 실시간으로 답변하고 복잡한 문제를 해결하는 데 도움을 준다. 이는 고객 만족도를 높이고 기업의 운영 비용을 절감하는 데 크게 기여할 수 있다. 또한, LLM 기반의 챗봇은 고객의 감정을 분석해 더 개인화된 서비스를 제공할 수 있다.

둘째, 마케팅과 광고 분야에서의 혁신이다. LLM은 고객의 행동 패턴과 선호도를 분석해 맞춤형 마케팅 전략을 수립하는 데 유용하다. 예를 들어, 고객이 자주 사용하는 언어와 표현을 분석해 개인화된 광고 메시지를 생성할 수 있다. 이는 고객의 관심을 끌고, 구매 전환율을 높이는 데 효과적이다. 또한, LLM을 활용한 콘텐츠 생성은 마케팅 팀이 더 창의적이고 효율적으로 일할 수 있도록 도와준다.

셋째, 데이터 분석과 인사이트 도출에서의 혁신이다. LLM은 방대한 양의 비정형 데이터를 처리하고, 유의미한 인사이트를 도출하는 데 탁월한 능력을 발휘한다. 예를 들어, 소셜 미디어 데이터를 분석해 시장의 트렌드를 파악하고, 경쟁사의 전략을 예측할 수 있다. 이는 기업이 더 빠르고 정확한 의사 결정을 내리는 데 도움을 준다. 또한, LLM을 활용한 데이터 분석은 새로운 비즈니스 기회를 발굴하는 데도 유용하다.

넷째, 제품 개발에서의 혁신이다. LLM은 고객의 피드백을 분석해 제품의 개선점을 도출하고, 새로운 아이디어를 제안하는 데 도움을 줄 수 있다. 예를 들어, 고객 리뷰와 피드백을 분석해 제품의 강점과 약점을 파악하고, 이를 바탕으로 제품을 개선할 수 있다. 또한, LLM을 활용한 아이디어 생성은 제품 개발 팀이 더 창의적이고 혁신적인 제품을 개발하는 데 기여할 수 있다.

다섯째, 인사 관리와 교육 분야에서의 혁신이다. LLM은 직원의 성과 데이터를 분석해 맞춤형 교육 프로그램을 제공하고 인재 관리를 효율화하는 데 도움을 줄 수 있다. 예를 들어, 직원의 업무 성과와 학습 스타일을 분석해 개인화된 교육 콘텐츠를 제공할 수 있다. 이는 직원의 역량을 강화하고 조직의 성과를 높이는 데 기여할 수 있다. 또한, LLM을 활용한 인재 관리는 적재적소에 인재를 배치하고, 조직의 효율성을 극대화하는 데 도움을 준다.

이렇게 LLM을 활용한 비즈니스 혁신은 다양한 분야에서 큰 변화를 이끌어 낼 수 있다. 고객 서비스, 마케팅, 데이터 분석, 제품 개발, 인사 관리 등 여러 분야에서 LLM의 활용 가능성은 무궁무진하다. 기업은 LLM을 통해 더 효율적이고 창의적인 비즈니스 운영을 실현할 수 있으며, 이는 궁극적으로 경쟁력을 강화하고, 지속 가능한 성장을 이루는 데 기여할 것이다. 그리고 LLM 기반 차세대 생성 AI 애플리케이션 구축을 통해서 AI 시대의 비즈니스 혁신을 선도할 수 있을 것이다.

이 책의 구성

이 책은 단계별로 CEO가 실행력을 갖추고 혁신을 이끌어 나갈 수 있도록 돕고자 구성했다. 각 장에서는 생성 AI를 효과적으로 활용하기 위한 필요 요소와 방법을 제시한다. 기본 개념부터 비즈니스 적용 사례, 전략과 해결 방안 등을 다룬다. 어떻게 하면 기업에서 생성 AI를 잘 활용할 수 있을까, 그리고 기업 경쟁력과 생성 AI를 어떻게 연결할까를 고민했다.

생성 AI와 비즈니스 모델(1장)에서는 생성 AI가 비즈니스 모델에 어떻게 영향을 미치는지, 그리고 새로운 비즈니스 모델을 창출하는 방법에 관해 설명한다. 기존 비즈니스 모델이 아닌 새로운 비즈니스 모델을 만든다는 생각으로 접근이 필요하다. 기존 비즈니스 모델 안에서 생성 AI를 대입시키면 제대로 효과를 발휘할 수 없기에 아예 '새롭게 구성한다'는 생각으로 접근해 볼 필요가 있다.

생성 AI와 데이터 조합(2장)에서는 생성 AI의 성능을 극대화하는 데 필요한 데이터의 중요성과 데이터 관리 전략에 관해서 설명한다. 생성 AI를 잘 활용하려면 생성 AI뿐만 아니라 양질의 데이터가 함께 필요하다. 기업 내에서 발생하는 데이터를 생성 AI와 조합해서 데이터 분석이나 콘텐츠 생성, 애플리케이션 개발하는 데까지 활용할 수 있다. 또 데이터를 실행 가능한 지능형 인사이트로 변환하는 것이 필요하다.

생성 AI와 프롬프트의 중요성(3장)에서는 생성 AI 모델을 효과적으로 활용하기 위한 프롬프트와 그 설계 방법에 관해 설명한다. 생성 AI를 움직이게 하는 프롬프트를 제대로 작성해야 좋은 결과물을 얻을 수 있기 때문에 프롬프트는 생성 AI 활용에서 필수 스킬이라고 해도 과언이 아니다. 프롬프트의 중요성과 최적화 방법을 다루며, 다양한 사례를 통해 실질적인 적용 방법을 알아본다.

생성 AI의 대부, 챗GPT(4장)에서는 가장 인기 있는 생성 AI인 챗GPT의 활용 방법과 전략에 대해 설명한다. 다양한 분야에서 챗GPT가 활용되고 있고, 최고의 AI 모델이 장착된 챗GPT는 계속 진화하면서 다양한 임무를 수행하고 있다. 챗GPT를 제대로 또는 자유자재로 활용할 수 있다면, 많은 업무와 역할을 수행할 수 있다.

이미지 생성 AI의 선두주자, 미드저니(5장)에서는 이미지 생성 분야에서 인기 있는 미드저니(Midjourney)의 활용 방법과 전략에 관해 설명한다. 디자인, 마케팅, 콘텐츠 생성 등 다양한 영역에서 쓰이는 이미지 생성 AI를 활용하는 방법을 다룬다.

멀티모달로 진화하는 생성 AI(6장)에서는 텍스트, 이미지, 음성, 영상 등 다양한 형태의 데이터를 동시에 처리할 수 있는 멀티모달 AI의 활용 방법과 전략에 관해 설명한다. 멀티모달 AI의 장점과 비즈니스 적용 사례를 다룬다. 사용 비중이 점점 커지는 멀티모달 생성 AI로 AI 활용 폭을 넓혀 본다.

생성 AI 실행을 위한 프레임워크(7장)에서는 비즈니스에서 생성 AI를 구현하기 위한 기본 프레임워크를 설명한다. 생성 AI를 효과적으로 활용하기 위한 3가지 프레임워크를 소개하고, 그중 어떤 프레임워크가 나에게 맞는지, 프레임워크가 비즈니스에 어떻게 적용되는지 다룬다.

맞춤형 생성 AI를 위한 미세조정(8장)에서는 특정 비즈니스 목표에 맞춰 생성 AI 모델을 미세조정하는 방법과 프로세스와 그 중요성을 설명한다. 미세조정된 AI 모델의 활용 사례와 비즈니스 적용에 대해 다룬다.

생성 AI를 더욱 빛나게 하는 API(9장)에서는 생성 AI를 API(Application Programming Interface)를 통해 통합하고 활용하는 방법을 설명한다. API 개념, 전략과 구현 방법, API를 사용해 다양한 비즈니스 애플리케이션으로 확장하는 사례를 다룬다.

차세대 생성 AI 애플리케이션 구축(10장)에서는 생성 AI의 미래와 트랜드에 대해 설명한다. 차세대 생성 AI 애플리케이션 구축과 AI 기반 비즈니스 여정을 알아보고, 멀티 에이전트 애플리케이션 구축과 자율 AI가 어떻게 경쟁력을 강화할 수 있는지 다룬다.

전체적으로 다시보면, 1장에서 3장까지는 생성 AI를 활용할 때 기본적으로 알아야 할 내용이고, 4장, 5장은 실제 생성 AI 도구의 사용 방법을 알아본다. 6장에서 10장까지는 생성 AI의 고급 활용을 위한 내용이고, 차세대 비즈니스 애플리케이션 기획을 위한 전략적 접근을 해본다.

각 장을 마무리할 때마다 5개의 챗GPT 프롬프트를 제시했다. 이 프롬프트를 챗GPT에 입력해서 어떤 답변을 얻는지 확인해 보고, 실제 우리 비즈니스에 적용하는 방법을 스스로 찾아가는 실습을 해 본다. 그리고 5개 프롬프트 외에 추가적으로 나의 비즈니스에 맞는 프롬프트를 더 만들어서 활용 범위를 넓혀 본다.

변화와 혁신에 대한 마인드셋과 실행

생성 AI는 기업의 경영 환경을 혁신적으로 변화시키는 잠재력을 가지고 있다. 우리는 이러한 생성 AI 기술을 적극적으로 도입하고 활용함으로써 보다 효율적이고 창의적인 경영을 실현할 수 있다. 이 생성 AI를 활용할 때 중요한 것은 CEO가 먼저 변화와 혁신에 대한 마인드셋(마음가짐)을 장착해야 한다는 점이다. 다른 사람보다, 직원보다 내가 먼저 '나는 할 수 있다'라는 마인드셋을 갖추어야 한다. AI에 대한 지식과 인사이트를 단순히 머릿속으로만 간직하지 않고, 실제 비즈니스 현장에서 실행하는 것이 필요하다. 'AI 지식보다 실행이 더 낫다'는 생각을 갖고, 새로운 도전에 대한 두려움을 극복하며, 실행을 하는 것이 중요하다. 아무리 좋은 생성 AI가 있다 하더라도 실행하지 않는다면 변화와 혁신은 없을 것이다.

미래는 AI다. 생성 AI는 이제 더 이상 선택이 아닌 필수다. '나는 할 수 있다'라는 변화와 혁신 마인드셋 위에 생성 AI의 실행력이 세워진다면, 새로운 결과물이 나오고, 변화가 시작될 것이다. 이 책이 여러분의 변화와 혁신 여정에 도움이 되기를 바란다.

참고문헌

나무위키. Midjourney
https://namu.wiki/w/Midjourney

캐럴 드웩 지음. 김준수 옮김(2023). 『마인드셋』. 스몰빅라이프.

Alto, V.(2024). *Building LLM Powered Applications*. Packt Publishing.

Singh, P. & Karuparti, A.(2024). *Generative AI for Cloud Solutions*. Packt Publishing.

01
생성 AI와 비즈니스 모델

생성 AI는 단순한 기술 혁신을 넘어, 비즈니스 모델의 근본적인 변화를 이끌고 있다. 기존 비즈니스 프로세스를 자동화하고 효율성을 극대화하는 것뿐만 아니라 새로운 시장 기회를 창출하며 전례 없는 방식으로 비즈니스를 할 수 있게 한다. 생성 AI가 비즈니스 모델에 미치는 영향을 분석하고, 이를 통해 혁신적인 비즈니스 모델을 창출하는 방법을 정리했다.

생성 AI의 정의와 기본 원리, 특징

생성 AI의 정의

생성 AI(Generative AI)는 인공지능의 한 분야로, 새로운 데이터를 생성하는 능력을 가진 AI를 의미한다. 기존 AI가 주어진 데이터를 분석하고 예측하는 데 중점을 두었다면, 생성 AI는 새로운 텍스트, 이미지, 음악, 영상, 코드 등을 생성하는 데 초점을 맞춘다. 대표적인 예로는 오픈AI(OpenAI)의 챗GPT(ChatGPT), 달리(DALL-E), 위스퍼(Whisper), 구글(Google)의 제미나이(Gemini), 마이크로소프트(Microsoft)의 코파일럿(Copilot), 미드저니(Midjourney) 등이 있다.

기본 원리

생성 AI의 기본 원리는 주로 딥러닝(Deep Learning)과 신경망(Neural Networks)에 기반을 둔다. 이 알고리즘들은 대규모 데이터셋을 학습해 패턴을 인식하고, 이를 바탕으로 새로운 데이터를 생성한다. 생성 AI는 대규모의 데이터셋을 필요로 한다. 예를 들어, 텍스트 생성 AI는 수백만 개의 문장을 학습해 언어의 구조와 패턴을 이해한다.

생성 AI의 특징

생성 AI는 여러 가지 독특한 특징을 가지고 있다. 이를 이해하면 생성 AI 활용뿐만 아니라 비즈니스 모델에 어떻게 적용할 수 있을지 더 명확해진다.

(1) 창의성: 생성 AI는 기존 데이터를 바탕으로 새로운 콘텐츠를 생성할 수 있다. 예를 들어, 챗GPT와 같은 텍스트 생성 AI는 텍스트를 입력해서 주어진 주제에 대해 새로운 글이나 텍스트를 생성할 수 있으며, 미드저니와 같은 이미지 생성 AI는 텍스트 기반으로 새로운 이미지를 생성할 수 있다.

(2) 확장성: 생성 AI는 대규모 데이터셋을 학습해 다양한 분야에 적용될 수 있다. 예를 들어, 텍스트 생성 AI는 마케팅 콘텐츠, 고객 지원, 기술 문서 작성 등 다양한 용도로 사용될 수 있다.

(3) 적응성: 생성 AI는 새로운 데이터를 학습해 지속적으로 성능을 개선할 수 있다. 이는 변화하는 시장 환경에 빠르게 적응할 수 있게 한다.

비즈니스 모델에 적용

생성 AI의 이러한 특징들은 다양한 비즈니스 모델에 혁신을 가져올 수 있다. 예를 들어, 콘텐츠 생성 AI는 마케팅과 광고 산업에서 큰 변화를 일으킬 수 있다. 자동화된 콘텐츠 생성으로 비용을 절감하고, 더 많은 고객에게 도달할 기회를 제공한다. 또한, 개인화된 추천 시스템은 고객 만족도를 높이고, 재구매율을 증가시키고 있다.

또한 생성 AI는 새로운 제품과 서비스를 개발하는 데에도 활용될 수 있다. 예를 들어, 패션 산업에서는 AI가 새로운 디자인을 제안하고, 음악 산업에서는 새로운 곡을 작곡할 수 있다. 이러한 혁신은 기업이 경쟁력을 유지하고 새로운 시장 기회를 포착하는 데 도움을 줄 수 있다.

생성 AI는 비즈니스 모델에 큰 변화를 가져올 수 있는 강력한 도구다. 이를 효과적으로 활용하기 위해서는 생성 AI의 기본 원리와 특징을 이해하고, 이를 비즈니스 전략에 통합하는 것이 중요하다.

생성 AI가 비즈니스 모델에 미치는 영향

생성 AI는 비즈니스 모델에 다양한 방식으로 영향을 미치고 있으며, 이는 기업의 운영 방식, 제품 개발, 고객 경험, 마케팅 전략 등 여러 측면에서 변화를 가져오고 있다.

첫째, 생성 AI는 제품 개발과 혁신의 속도를 가속화한다. 전통적으로 제품 개발은 많은 시간과 자원을 필요로 하는 과정이었으나, 생성 AI는 이를 크게 단축시킬 수 있다. 예를 들어, 디자인 분야에서는 생성 AI를 활용해 다양한 시안을 빠르게 생성하고, 이를 바탕으로 최적의 디자인을 선택할 수 있다. 또한, 소프트웨어 개발에서는 코드 생성 AI를 통해 프로그래머의 생산성을 높이고, 오류를 줄일 수 있다. 이러한 변화는 기업이 시장의 요구에 빠르게 대응하고, 경쟁력을 유지하는 데 큰 도움이 된다.

둘째, 생성 AI는 맞춤형 고객 경험을 제공하는 데 중요한 역할을 한다. 고객의 취향과 행동 데이터를 분석해 개인화된 콘텐츠를 생성함으로써, 고객 만족도를 높일 수 있다. 예를 들어, 전자상거래 플랫폼에서는 고객의 구매 이력을 바탕으로 개인화된 제품을 추천할 수 있으며, 이는 매출 증대로 이어질 수 있다. 또한, 고객 서비스 분야에서는 챗봇과 같은 생성 AI를 활용해 24시간 고객 지원을 제공하고, 고객의 문의에 신속하게 대응할 수 있다.

셋째, 생성 AI는 마케팅 전략의 혁신을 가져온다. 마케팅 캠페인에서 생성 AI를 활용하면, 다양한 광고 콘텐츠를 자동으로 생성하고, 이를 통해 더 많은 고객에게 도달할 수 있다. 예를 들어 소셜 미디어 광고에서는 생성 AI를 통해 다양한 버전의 광고를 생성하고, 이를 테스트해 가장 효과적인 광고를 선택할 수 있다. 또한, 생성 AI는 고객의 반응을 실시간으로 분석해 마케팅 전략을 조정하는 데 도움을 줄 수 있다.

넷째, 생성 AI는 비용 절감과 효율성 향상을 가능하게 한다. 많은 기업들이 반복적이고 시간이 많이 소요되는 작업을 자동화하기 위해 생성 AI를 도입하고 있다. 예를 들어 금융 분야에서는 생성 AI를 활용해 자동으로 보고서를 작성하고, 데이터 분석을 수행할 수 있다. 이는 인력 비용을 절감하고 업무 효율성을 높이는 데 기여한다.

다섯째, 생성 AI는 새로운 비즈니스 모델 창출을 가능하게 한다. 예를 들어, 콘텐츠 생성 플랫폼이나 AI 기반의 디자인 서비스 등 새로운 형태의 비즈니스가 등장하고 있다. 이러한 비즈니스 모델은 기존 산업 구조를 변화시키고, 새로운 시장 기회를 창출할 수 있다.

생성 AI는 비즈니스 모델에 다각도로 영향을 미치며, 기업의 경쟁력을 강화하는 중요한 도구로 자리잡고 있다. 기업은 생성 AI를 적극적으로 도입하고, 이를 통해 혁신을 추구해야 할 것이다.

생성 AI를 통한 새로운 비즈니스 모델 수립

생성 AI는 데이터를 분석하고 새로운 콘텐츠를 생성하

는 능력을 갖춘 인공지능 기술로, 다양한 산업에서 혁신적인 비즈니스 모델을 창출할 수 있는 잠재력을 가지고 있다. 일반적으로 비즈니스 모델을 수립할 때, 비즈니스 모델 캔버스(Business Model Canvas)를 많이 활용한다. 비즈니스 모델 캔버스는 새로운 사업 모형을 개발하고 기존 모형을 문서화하기 위해서 사용하는 경영전략 템플릿이다. 이 비즈니스 모델 캔버스에 고객 부문, 가치 제안, 채널, 수익 흐름, 데이터 등을 포함해 AI 비즈니스 모델 구현을 정리하고 시각화한다. 이 캔버스에 새로운 사업 모델을 작성할 때, 생성 AI를 활용해서 캔버스를 만들 수 있다. 그럼 생성 AI를 활용해 새로운 비즈니스 모델을 수립하는 구체적인 방법을 살펴본다.

데이터 수집 및 분석

첫 단계는 관련 데이터를 수집하고 분석하는 것이다. 기업은 내부 데이터뿐만 아니라 외부 데이터 소스도 적극 활용해야 한다. 예를 들어, 고객의 구매 패턴, 소셜 미디어 활동, 시장 트렌드 등을 분석해 유의미한 인사이트를 도출할 수 있다. 이를 통해 기업은 고객의 니즈와 시장의 변화를 파악하고, 이를 반영한 새로운 비즈니스 모델을 구상할 수 있다.

맞춤형 제품 및 서비스 개발

맞춤형 제품 및 서비스 개발을 통해 비즈니스 모델을 수립한다. 고객의 개별 요구에 맞춘 맞춤형 제품 및 서비스를 개발하는 데 생성 AI를 활용한다. 예를 들어 패션 산업에서는 고객의 체형, 스타일 선호도 등을 분석해 개인화된 의류 디자인을 제안할 수 있다. 또한 헬스케어 분야에서는 환자의 건강 데이터를 분석해 맞춤형 치료 계획을 수립할 수 있다. 이러한 맞춤형 접근은 고객 만족도를 높이고, 충성도를 강화하는 데 기여할 수 있다.

콘텐츠 생성

생성 AI는 텍스트, 이미지, 비디오 등 다양한 형태의 콘텐츠를 생성할 수 있다. 이를 통해 마케팅, 광고, 고객 지원 등 여러 분야에서 효율성을 극대화할 수 있다. 예를 들어 마케팅팀은 생성 AI를 활용해 개인화된 이메일 캠페인, 소셜 미디어 게시물, 블로그 글 등을 생성할 수 있다. 이는 시간과 비용을 절감하면서도 높은 품질의 콘텐츠를 제공하는 데 도움이 된다. 콘텐츠 생성을 통해 비즈니스 모델 수립을 지원한다.

예측 분석 및 의사 결정 지원

예측 분석은 데이터를 사용해 미래 결과를 예측하는 프로세스다. 생성 AI는 예측 분석을 통해 미래의 트렌드와 고객 행동을 예측할 수 있다. 이를 통해 기업은 더 정확한 의사 결정을 내릴 수 있다. 예를 들어 소매업체는 생성 AI를 활용해 재고 관리, 가격 책정, 프로모션 전략 등을 최적화할 수 있다. 또한, 금융 기관은 생성 AI를 통해 투자 포트폴리오를 분석하고, 리스크를 관리하는 데 도움을 받을 수 있다. 비즈니스 모델을 수립할 때 데이터를 활용해서 예측 분석을 진행한다.

새로운 비즈니스 모델의 테스트 및 검증

새로운 비즈니스 모델을 수립한 후에는 이를 테스트하고 검증하는 과정이 필요하다. 생성 AI는 시뮬레이션을 통해 다양한 시나리오를 테스트하고, 그 결과를 분석해 모델의 유효성을 검증할 수 있다. 이를 통해 기업은 리스크를 최소화하고 성공 가능성을 높일 수 있다.

지속적인 개선 및 혁신

생성 AI를 활용한 비즈니스 모델은 지속적인 개선과 혁신이 필요하다. 생성 AI는 실시간으로 데이터를 분석하고, 변화하는 시장 환경에 맞춰 모델을 업데이트할 수 있다. 이를 통해 기업은 경쟁력을 유지하고 지속 가능한 성장을 이룰 수 있다.

결론적으로, 생성 AI는 데이터 분석, 맞춤형 제품 및 서비스 개발, 콘텐츠 생성, 예측 분석 및 의사 결정 지원, 새로운 비즈니스 모델의 테스트 및 검증, 지속적인 개선 및 혁신 등 다양한 방법을 통해 새로운 비즈니스 모델을 수립하는 데 중요한 역할을 한다.

그래서 CEO는 생성 AI의 잠재력을 최대한 활용해 기업 경쟁력을 강화하고, 혁신적인 비즈니스 모델을 창출할 수 있다. 다시 말해, CEO는 기업 경쟁력을 유지하기 위해서 회사 내에서 생성 AI를 효과적으로 활용하는 방법을 알아야 한다.

참고문헌

위키피디아. 비즈니스 모델 캔버스. https://ko.wikipedia.org/wiki/비즈니스_모델_캔버스

Almeida, I.(2023). *Generative AI For Business Leaders: 3 Book Collection*. Now Next Later AI.

Sweenor, D. E. & Mulkers, Y.(2024). *Generative AI Business Applications: An Executive Guide with Real-Life Examples and Case Studies*. TinyTechMedia LLC.

챗GPT 프롬프트

1. 당신은 AI 비즈니스 전문가입니다. 우리 회사는 (제품/서비스)를 판매하는 회사입니다. (어떤 제품/서비스인지 설명) (현재 시장 상황 설명) (얻고자 하는 구체적인 목표 설명). 우리 회사의 현재 시장 상황과 경쟁 환경을 분석하고, 챗GPT를 활용해 새로운 비즈니스 기회를 탐색할 수 있는 방법을 제안해 주세요.

2. 챗GPT를 활용하여 고객 경험을 혁신적으로 개선할 수 있는 방안을 제안해 주세요. 예를 들어, 고객 서비스, 맞춤형 추천, 고객 피드백 분석 등에서 어떻게 활용할 수 있을까요?

3. 챗GPT를 통해 우리 회사의 운영 효율성을 극대화할 수 있는 방법을 제안해 주세요. 예를 들어, 공급망 관리, 인력 배치, 비용 절감 등에서 어떻게 활용할 수 있을까요?

4. 챗GPT를 활용해 새로운 제품이나 서비스를 개발할 수 있는 아이디어를 제안해 주세요. 현재 시장에서 차별화될 수 있는 혁신적인 제품이나 서비스는 무엇이 있을까요?

5. 우리 회사가 보유한 데이터를 활용해 챗GPT를 통해 새로운 비즈니스 모델을 수립할 수 있는 전략을 제안해 주세요. 데이터 분석, 예측 모델링, 맞춤형 마케팅 등에서 어떻게 활용할 수 있을까요?

02
생성 AI와 데이터의 조합

생성 AI는 데이터의 소비자이자 생산자다. 즉, 생성 AI는 데이터를 학습(소비)하기도 하고, 학습한 데이터를 통해 새로운 데이터를 생산하기도 한다. 데이터는 AI의 성능과 혁신을 좌우하는 핵심 자원 중 하나다. 효과적으로 생성 AI를 활용하기 위해서 생성 AI와 데이터의 관계를 이해하고, 데이터를 잘 관리해야 한다. 그리고 데이터를 기업 활동, 업무, 의사 결정을 촉진하는 실행 가능한 지능형 인사이트로 변환하는 것이 필요하다.

데이터의 중요성과 생성 AI의 역할

데이터의 가치와 비즈니스 인사이트

현대 비즈니스 환경에서 데이터는 그 중요성이 날로 커지고 있다. 데이터는 기업이 시장에서 경쟁 우위를 확보하고, 고객의 요구를 이해하며, 효율적인 운영을 가능하게 하는 핵심 자산이다. 특히, 생성 AI의 등장으로 데이터의 가치는 더욱 증대되고 있다. 생성 AI는 방대한 양의 데이터를 분석하고, 이를 바탕으로 새로운 정보를 생성해 내는 능력을 갖추고 있어, 데이터의 활용도를 극대화할 수 있다.

데이터의 가치는 크게 두 가지 측면에서 설명할 수 있다. 첫째, 데이터는 기업이 의사 결정을 내리는 데 필요한 중요한 정보를 제공한다. 예를 들어, 고객의 구매 패턴을 분석하면 어떤 제품이 인기가 있는지, 어떤 마케팅 전략이 효과적인지를 파악할 수 있다. 이를 통해 기업은 더욱 정확한 예측과 전략 수립이 가능해진다. 둘째, 데이터는 혁신의 원동력이 된다. 새로운 제품 개발이나 서비스 개선을 위해서는 시장의 트렌드와 고객의 피드백을 반영한 데이터 분석이 필수적이다.

생성 AI는 이러한 데이터의 가치를 극대화하는 도구로서 중요한 역할을 한다. 생성 AI는 단순히 데이터를 분석하는 것을 넘어서 새로운 데이터를 생성하고, 기존 데이터를 보완하며, 예측 모델을 개선하는 데 기여한다. 예를 들어 고객의 리뷰 데이터를 분석해 긍정적이거나 부정적인 피드백을 자동으로 분류하고, 이를 바탕으로 제품 개선 방안을 제안할 수 있다. 또한 시뮬레이션을 통해 다양한 시나리오를 예측하고, 최적의 의사 결정을 지원한다.

이와 함께 비즈니스 인사이트는 데이터와 생성 AI의 조합을 통해 더욱 풍부해진다. 예를 들어 소매업체는 생성 AI를 활용해 고객의 구매 데이터를 분석하고, 개인화된 추천 시스템을 구축할 수 있다. 이는 고객 만족도를 높이고, 재구매율을 증가시키는 데 기여한다. 또한 제조업체는 생성 AI를 통해 생산 공정 데이터를 분석하고, 효율성을 극대화할 수 있는 방안을 도출할 수 있다. 이는 비용 절감과 품질 향상으로 이어진다.

정리하면, 데이터의 가치는 기업의 성공에 필수적인 요소이며, 생성 AI는 이러한 데이터를 효과적으로 활용하는 데 중요한 역할을 한다. 데이터와 생성 AI의 조합은 기업이 더욱 정확한 비즈니스 인사이트를 얻고, 혁신을 주도하며, 경쟁력을 강화하는 데 기여한다. 따라서 CEO는 데이터의 중요성을 인식하고, 생성 AI를 적극적으로 도입해 데이터를 기반으로 의사 결정을 내리는 것이 필요하다. 이는 궁극적으로 기업의 지속 가능한 성장을 가능하게 할 것이다.

생성 AI의 데이터 처리 능력

생성 AI는 최근 몇 년간 급격한 발전을 이루며 다양한 산업 분야에서 주목받고 있다. 그중에서도 데이터 처리 능력은 생성 AI의 핵심 기능 중 하나로, 기업들이 이를 활용해 혁신적인 비즈니스 모델을 구축하고 있다. 그래서 생성 AI의 데이터 처리 능력에 대해 자세히 살펴본다.

먼저, 생성 AI는 대규모 데이터셋을 효율적으로 처리할 수 있는 능력을 갖추고 있다. 이는 주로 딥러닝(Deep Learning) 기술을 기반으로 하며, 수백만 개의 데이터 포인트를 분석하고 학습하는 과정을 통해 이루어진다. 예를 들어, 자연어 처리(NLP) 분야에서 생성 AI는 방대한 양의 텍스트 데이터를 학습해 인간과 유사한 수준의 언어 이해 및 생성 능력을 보여 준다. 이는 고객 서비스, 마케팅, 콘텐츠 생성 등 다양한 분야에서 활용될 수 있다.

또한, 생성 AI는 데이터의 패턴을 인식하고 이를 기반으로 새로운 데이터를 생성하는 능력을 갖추고 있다. 이는 특히 이미지 생성, 음악 작곡, 텍스트 작성 등 창의적인 작업에서 두드러진다. 예를 들어, GAN(Generative Adversarial Networks)이라는 기술은 두 개의 신경망을 활용해 현실감 넘치는 이미지를 생성할 수 있다. 이러한 기술은 광고, 게임, 영화 등 다양한 산업에서 혁신적인 콘텐츠를 제작하는 데 기여하고 있다.

그리고 생성 AI의 데이터 처리 능력은 단순히 데이터를 분석하고 이해하는 것을 넘어, 데이터를 기반으로 예측하고 의사 결정을 지원하는 데에도 큰 역할을 한다. 예를 들어 금융 분야에서는 생성 AI를 활용해 시장 동향을 예측하고 투자 전략을 수립할 수 있다. 또한 의료 분야에서는 환자의 진료 기록을 분석해 질병의 조기 진단 및 맞춤형 치료 계획을 제안할 수 있다. 이러한 예측 능력은 기업이 더 나은 의사 결정을 내리고 경쟁력을 강화하는 데 중요한 역할을 한다.

결론적으로, 생성 AI의 데이터 처리 능력은 기업이 데이터 기반의 혁신을 이루는 데 중요한 도구로 작용한다. 대규모 데이터셋을 효율적으로 처리하고, 새로운 데이터를 생성하며, 예측과 의사 결정을 지원하는 능력은 다양한 산업 분야에서 큰 가치를 제공한다. 그러나 이를 효과적으로 활용하기 위해서는 데이터의 품질 관리와 결과물의 신뢰성 확보가 필수적이다. 이 도전 과제를 극복

한다면, 생성 AI는 기업의 경쟁력을 한층 더 강화하는 데 중요한 역할을 할 것이다.

데이터 품질 관리와 생성 AI의 신뢰성

데이터 품질 관리는 생성 AI의 신뢰성을 확보하는 데 핵심적인 요소다. 생성 AI는 대량의 데이터를 학습해 새로운 정보를 생성하거나 예측하는 기술로, 입력 데이터의 품질이 결과물의 정확성과 신뢰성에 직접적인 영향을 미친다. 따라서 데이터 품질을 관리하는 것은 생성 AI의 성능을 극대화하고, 비즈니스 의사 결정에서 신뢰할 수 있는 도구로 활용하기 위해 필수적이다.

첫째, 데이터의 정확성은 생성 AI의 신뢰성을 결정짓는 중요한 요소다. 부정확한 데이터는 잘못된 학습을 유도해 왜곡된 결과를 초래할 수 있다. 예를 들어 금융 분야에서 부정확한 거래 데이터는 잘못된 투자 예측을 낳을 수 있으며, 이는 기업의 재정적 손실로 이어질 수 있다. 따라서 데이터 수집 단계에서부터 정확성을 보장하기 위한 체계적인 검증 절차가 필요하다.

둘째, 데이터의 일관성 역시 중요한 품질 요소다. 일관성 있는 데이터는 생성 AI가 패턴을 인식하고 학습하는 데 필수적이다. 데이터가 일관되지 않으면, 생성 AI

는 혼란을 겪게 되고, 이는 결과물의 신뢰성을 저하시킬 수 있다. 예를 들어 의료 분야에서 환자의 건강 기록이 일관되지 않다면, 생성 AI는 정확한 진단을 내리기 어려울 것이다. 따라서 데이터 입력과 관리 과정에서 일관성을 유지하기 위한 표준화된 절차가 필요하다.

셋째, 데이터의 완전성도 중요한 품질 요소다. 불완전한 데이터는 생성 AI의 학습 과정에서 중요한 정보를 놓치게 만들 수 있다. 예를 들어 고객 행동 분석을 위한 데이터가 불완전하다면, 생성 AI는 고객의 실제 행동 패턴을 정확히 예측하지 못할 것이다. 따라서 데이터 수집 과정에서 누락된 정보를 최소화하고, 필요한 경우 추가 데이터를 확보하는 노력이 필요하다.

넷째, 데이터의 최신성도 생성 AI의 신뢰성에 영향을 미친다. 오래된 데이터는 현재 상황을 반영하지 못할 수 있으며, 이는 생성 AI의 예측 정확성을 떨어뜨릴 수 있다. 예를 들어 시장 트렌드를 예측하기 위해 사용되는 데이터가 오래되었다면, 생성 AI는 현재의 시장 상황을 정확히 반영하지 못할 것이다. 따라서 데이터의 최신성을 유지하기 위한 지속적인 업데이트가 필요하다.

다섯째, 데이터의 다양성도 중요한 품질 요소다. 다양한 데이터는 생성 AI가 더 넓은 범위의 상황을 학습하고 예측할 수 있게 한다. 예를 들어 다양한 고객 데이터를 학습한 생성 AI는 더 정확한 고객 맞춤형 서비스를 제공할 수 있다. 따라서 다양한 출처에서 데이터를 수집하고, 이를 통합해 생성 AI의 학습에 활용하는 것이 중요하다.

결론적으로, 데이터 품질 관리는 생성 AI의 신뢰성을 확보하는 데 필수적인 요소다. 정확성, 일관성, 완전성, 최신성, 다양성 등 다양한 품질 요소를 체계적으로 관리함으로써 생성 AI의 성능을 극대화하고, 이를 통해 비즈니스 의사 결정에서 신뢰할 수 있는 도구로 활용할 수 있다. 또 데이터 품질 관리에 대한 지속적인 관심과 노력이 생성 AI의 성공적인 활용을 위한 밑거름이 될 것이다.

데이터를 실행 가능한 지능형 인사이트로 변환하기

데이터는 현대 비즈니스 환경에서 가장 중요한 자산 중 하나로 여겨진다. 그러나 데이터 자체만으로는 그다지 유용하지 않다. 데이터를 실행 가능한 지능형 인사이트(Actionable Intelligent Insights)로 변환하는 과정이 필요하다. 이 과정은 단순한 데이터 수집을 넘어서 데이터를 분석하고 해석해 실제 비즈니스 의사 결정에 활용할 수 있는 형태로 만드는 것을 의미한다. 그럼 실행 가능한 지능형 인사이트(Actionable Intelligent Insights)가 무엇인지 알아보자. 다음과 같은 의미를 가진다.

실행 가능한(Actionable)

단순한 데이터나 정보가 아니라, 실제로 행동을 취할 수 있는 구체적 것을 의미한다. 예를 들어, "고객의 70%가 특정 제품을 선호한다"는 정보는 단순한 데이터다. 하지만 "고객의 70%가 특정 제품을 선호하므로, 이 제품의 재고를 늘리고 마케팅 캠페인을 강화해야 한다"는 것은 실행 가능한 인사이트다.

지능형(Intelligent)

데이터 분석을 통해 얻은 깊이 있는 인사이트를 의미한다. 이는 단순한 통계나 숫자가 아니라 데이터의 패턴, 트렌드, 상관관계 등을 분석해 얻은 지능적인 정보다.

인사이트(Insights)

데이터를 통해 얻은 유의미한 정보나 통찰력을 의미한다. 이는 데이터 분석 결과를 바탕으로 도출된 결론으로, 기업이 더 나은 결정을 내리고, 전략을 수립하며, 문제를 해결하는 데 도움을 준다. 예를 들어, 고객 데이터 분석을 통해 특정 고객군이 주로 이용하는 제품을 파악하고, 해당 고객군을 대상으로 한 맞춤형 마케팅 캠페인을 실행할 수 있다. 이러한 인사이트는 단순한 데이터가 아니라, 기업의 전략적 의사 결정에 중요한 역할을 한다.

결론적으로, 데이터를 실행 가능한 지능형 인사이트로 변환하는 것은 데이터 활용 측면에서 필수적인 과정이다. 생성 AI는 이 과정을 효율적이고 효과적으로 수행할 수 있는 강력한 도구다. 데이터를 수집하고 분석하며 시각화하고 지속적으로 개선하는 일련의 과정에서 생성 AI의 역할은 매우 중요하다. 이를 통해 기업은 데이터 기반의 의사 결정을 내리고, 더 나은 비즈니스 성과를 달성할 수 있다.

생성 AI와 데이터의 상호작용

생성 AI는 데이터를 단순히 분석하고 이해하는 것을 넘어, 새로운 데이터를 생성하고 예측하는 능력을 갖추고 있다. 이러한 능력은 데이터와의 상호작용을 통해 더욱 강화되며, 이는 기업의 전략적 의사 결정에 큰 영향을 미칠 수 있다. 생성 AI와 데이터의 상호작용이 어떻게 이루어지는지, 기업에 어떤 이점을 제공하는지를 사례를 통해서 알아보자.

고객 서비스 자동화

고객 서비스는 많은 기업에서 중요한 역할을 한다. 생성 AI는 고객 서비스의 효율성을 크게 향상시킬 수 있다. 예를 들어 챗봇은 자연어 처리(NLP) 기술을 사용해 고객의 질문을 이해하고, 데이터베이스에서 관련 정보를 검색해 즉각적인 답변을 제공한다. 이를 통해 고객 대기 시간을 줄이고, 24시간 영업 서비스를 제공할 수 있다. 또한 생성 AI는 고객의 감정을 분석해 더 나은 맞춤형 서비스를 제공할 수 있다. 실제 사례로, 대형 통신사 보다폰(Vodafone)은 생성 AI 기반 챗봇을 도입해 고객 만족도를 20% 이상 향상시켰다.

마케팅 캠페인 최적화

마케팅 분야에서도 생성 AI와 데이터의 조합은 큰 변화를 가져오고 있다. 생성 AI는 대량의 고객 데이터를 분석해 개인화된 마케팅 전략을 수립할 수 있다. 예를 들어 고객의 구매 이력, 웹사이트 방문 기록, 소셜 미디어 활동 등을 분석해 특정 고객에게 가장 적합한 제품을 추천할 수 있다. 또한, 생성 AI는 마케팅 메시지를 자동으로 생성하고, A/B 테스트를 통해 가장 효과적인 메시지를 선택할 수 있다. 실제로, 글로벌 전자상거래 기업 아마존(Amazon)은 생성 AI를 활용한 마케팅 캠페인을 통해 매출을 15% 증가시켰다.

제품 개발 및 디자인 혁신

생성 AI는 제품 개발 및 디자인 과정에도 혁신을 가져올 수 있다. 예를 들어, 생성 AI는 대량의 사용자 피드백 데이터를 분석해 제품의 장단점을 파악하고, 이를 바탕으로 새로운 제품 아이디어를 제안할 수 있다. 또한, 생성 AI는 3D 모델링 기술을 활용해 제품의 디자인을 자동으로 생성하고, 다양한 디자인 옵션을 시뮬레이션할 수 있다. 이를 통해 제품 개발 시간을 단축하고, 더 나은 품질의 제품을 출시할 수 있다. 실제 사례로, 자동차 제조사 제너럴 모터스(GM)는 생성 AI를 활용해 새로운 차량 모델의 디자인을 개발하고, 출시 시간을 30% 단축시켰다.

이와 같은 사례들은 생성 AI와 데이터의 조합이 기업에서 어떻게 활용될 수 있는지를 보여 준다. 이 외에도 다양한 형태로 생성 AI와 데이터의 조합을 찾아볼 수 있다. 이 조합을 통해 기업은 효율성을 높이고, 경쟁력을 강화할 수 있다.

참고문헌

위키피디아. 데이터 정제
https://ko.wikipedia.org/wiki/데이터_정제

appen(2024). 고품질 데이터를 수집하는 방법.
https://kr.appen.com/blog/data-collection/

GTT Korea(2024). AI 활용 극대화하는 고품질 데이터 전략.
https://www.gttkorea.com/news/articleView.html?idxno=10957

Turner-Williams, Wendy.(2024). *Unleashing the Power of Data with Trusted AI.* Packt Publishing.

챗GPT 프롬프트

1. 현재 우리 산업의 주요 시장 동향과 미래 예측을 알려 주세요. 특히, 향후 3년간의 성장 가능성과 주요 트렌드를 중심으로 설명해 주세요.

2. 우리 회사의 주요 경쟁사들이 최근에 어떤 전략을 사용하고 있는지 분석해 주세요. 그들의 강점과 약점을 파악하고, 우리가 벤치마킹할 수 있는 부분을 제안해 주세요.

3. 우리 제품/서비스의 주요 고객군에 대한 심층적인 인사이트를 제공해 주세요. 고객의 니즈, 선호도, 구매 패턴 등을 분석해 우리가 개선할 수 있는 부분을 제안해 주세요.

4. 현재 시장에서 주목받고 있는 기술 및 트렌드를 기반으로, 우리 회사가 개발할 수 있는 신제품 아이디어를 제안해 주세요. 이 아이디어가 시장에서 성공할 가능성을 높이기 위한 전략도 함께 설명해 주세요.

5. 우리 회사의 운영 효율성을 높이기 위한 구체적인 방안을 제안해 주세요. 특히, 비용 절감, 생산성 향상, 프로세스 최적화 등의 측면에서 실행 가능한 전략을 중심으로 설명해 주세요.

03
생성 AI와 프롬프트의 중요성

생성 AI 모델을 효과적으로 활용하기 위해서는 프롬프트가 중요하다. 프롬프트는 AI모델이 이해하고 반응할 수 있는 명령어 또는 질문이다. 프롬프트의 품질에 따라 결과의 정확성과 유용성이 크게 달라진다. 프롬프트의 개념과 특징, 중요성, 효과적인 작성 방법을 다루며, 다양한 사례를 통해 실질적인 적용 방법을 알아본다.

프롬프트의 개념과 구성 요소

프롬프트란 무엇인가?

프롬프트(Prompt)는 AI에게 특정 작업을 수행하도록 지시하는 명령어 또는 질문을 의미한다. 생성 AI와의 상호작용에서 중요한 역할을 하는 요소다. 프롬프트는 AI 모델에게 특정한 정보를 제공하거나 질문을 던져서 원하는 결과를 얻기 위한 출발점이다. 예를 들어, 챗GPT에게 "스트레스를 줄이고 생산성을 높이기 위해서 회사에서 마음챙김(Mindfulness)을 실천하는 기술을 알려 주세요"라는 프롬프트를 입력하면, 챗GPT는 해당 질문에 대한 답변을 생성한다.

이 프롬프트는 간단한 문장일 수도 있고, 복잡한 지시사항을 포함할 수도 있다. 예를 들어, "오늘의 날씨는 어때?"라는 간단한 질문부터 "고객 만족도를 높이기 위한 이메일 마케팅 전략을 제안해 줘. 기존 고객과 잠재 고객으로 나누어서 제안해 주고, 결과물 도출에 대한 근거 데이터를 제시해 줘"와 같은 복잡한 요청까지 다양하다.

이 프롬프트는 AI 모델이 이해하고 반응할 수 있는 형태로 제공되어야 하며, 그 품질과 명확성에 따라 AI의 출력 결과가 크게 달라질 수 있다.

프롬프트의 구성 요소

프롬프트는 기본적으로 세 가지 주요 구성 요소로 이루어진다. 첫째는 '주제'다. 주제는 AI가 생성할 콘텐츠의 중심 내용을 정의한다. 예를 들어 "기후 변화에 대한 최신 연구 결과를 설명해 줘"라는 프롬프트라면, 여기서 '기후 변화'가 주제가 된다. 내가 AI에게 어떤 주제로 지시할지 정해 준다. 둘째는 '목적'이다. 목적은 AI가 생성할 콘텐츠의 목표를 명확히 한다. 예를 들어 "기후 변화에 대한 최신 연구 결과를 설명해 줘"라는 프롬프트라면, '설명'이 목적이 된다. 다른 목적을 예를 들면, '요약해 줘', '작성해 줘', '분석해 줘' 등과 같이 주제에 맞는 지침(instruction)을 준다. 셋째는 '출력 조건(형식)'이다. 출력 조건은 AI가 생성할 콘텐츠의 형식이나 스타일을 정의한다. 예를 들어 "기후 변화에 대한 최신 연구 결과를 간단한 요약으로 설명해 줘"라는 프롬프트라면, '간단한 요약'이 출력 조건이나 형식이 된다. 다른 출력을 예를 들면, '구체적인 내용으로', '표 형식으로', '발표 자료 형식으로' 등으로 AI가 답변할 형식을 알려 준다. 이러한 구성 요소를 명확히 정의함으로써, 프롬프트는 AI가 더 정확하고 유용한 응답을 생성할 수 있도록 도와준다.

이와 같이, 프롬프트의 개념과 구성 요소를 이해하고

효과적으로 활용하는 것은 생성 AI를 최대한 활용하는데 필수적이다.

프롬프트의 유형

프롬프트는 생성 AI의 성능과 결과물의 품질을 결정짓는 중요한 요소다. AI를 효과적으로 사용하기 위해서는 프롬프트의 유형을 이해하고 적절하게 활용하는 것이 필요하다. 프롬프트는 크게 세 가지 유형으로 나눌 수 있다. 명령형 프롬프트, 질문형 프롬프트, 그리고 상황형 프롬프트다.

명령형 프롬프트는 AI에게 특정한 작업을 지시하는 형태다. 이 유형의 프롬프트는 명확하고 구체적인 지시를 포함해 AI가 무엇을 해야 하는지 명확히 이해할 수 있도록 한다. 예를 들어 "온라인 판매를 촉진하기 위한 홍보 이메일을 작성해 줘" 또는 "당신은 SEO 전문가다. 키워드 '챗봇'을 다루는 5개의 기사를 작성하세요"와 같은 지시가 이에 해당한다. 명령형 프롬프트는 AI가 수행해야 할 작업을 명확히 정의함으로써, 결과물의 일관성과 정확성을 높일 수 있다.

질문형 프롬프트는 AI에게 특정한 질문을 던져 답변을 유도하는 형태다. 이 유형의 프롬프트는 정보 검색,

문제 해결, 또는 의견 수렴 등의 목적으로 사용된다. 예를 들어, "고객 경험을 개선하기 위해서 챗GPT를 어떻게 사용할 수 있을까?" 또는 "나의 비즈니스에서 판매 퍼널(Sales Funnel)을 구현함으로써 얻을 수 있는 주요 이점은 무엇인가?"와 같은 질문이 이에 해당한다. 질문형 프롬프트는 AI가 특정 주제에 대해 깊이 있는 답변을 제공할 수 있도록 도와준다.

상황형 프롬프트는 특정한 상황이나 맥락을 제공해 AI가 그에 맞는 반응을 하도록 유도하는 형태다. 이 유형의 프롬프트는 스토리텔링, 시나리오 작성, 또는 문제 해결 시나리오 등을 생성하는 데 유용하다. 예를 들어, "당신은 사업 성공 경험이 많은 CEO다. ○○ 신상품 출시 예정인데, 회사의 성장을 위해서 어떤 전략을 세울까?" 또는 "고객이 불만을 제기했을 때 어떻게 대응할까?"와 같은 상황을 제시한다. 상황형 프롬프트는 AI가 더 창의적이고 맥락에 맞는 답변을 생성할 수 있도록 도와준다.

프롬프트의 구성요소와 유형을 이해하고 활용하는 것은 AI를 효과적으로 사용하는 데 중요한 첫걸음이다.

효과적인 프롬프트 작성 기술

효과적인 프롬프트 작성 방법은 다음과 같다.

명확성

프롬프트는 명확하고 구체적이어야 한다. 모호한 프롬프트는 AI가 정확한 답변을 생성하는 데 어려움을 겪게 만든다. 예를 들어, "좋은 책 추천해 줘"보다는 "비즈니스 전략에 관한 책 추천해 줘"가 더 명확한 프롬프트다.

구체성

프롬프트는 구체적인 정보를 포함해야 한다. 예를 들어, "오늘 날씨는 어때?"보다는 "서울의 오늘 날씨는 어때?"라는 프롬프트가 더 구체적이다. '서울'이라는 구체적인 정보는 AI가 더 정확한 정보를 제공하는 데 도움이 된다.

맥락(Context) 제공

맥락은 주제, 상황, 배경 정보 등을 포함한다. 프롬프트에 필요한 배경 정보나 상황을 제공하는 것이 중요하다. 예를 들어, "우리 회사의 신제품을 홍보할 방법을 제안해 줘"라는 프롬프트보다는 "우리 회사는 IT 솔루션을 제공하는 중소기업으로, 최근에 중소기업용 AI 서비스를 출시했다. 이 신제품을 홍보할 방법을 구체적으로 제안해 줘"가 더 효과적이다. AI에게 맥락을 제공함으로써 풍부한 답변을 생성하는 데 도움이 된다.

예시 활용

프롬프트에 예시를 제공하면 AI가 원하는 결과를 더 잘 이해할 수 있다. 예를 들어, "고객 서비스 개선 방안을 제안해 줘"라는 프롬프트보다는 "고객 서비스 개선 방안으로, 예를 들어, 고객 만족도 조사를 정기적으로 실시하거나, 고객 불만을 신속하게 처리하는 시스템을 도입하는 방법을 제안해 줘"가 더 효과적이다. 예시를 활용하면, AI가 이것저것 찾느라고 헤매지 않고 예시에 근거해서 답변을 제공한다.

단계별 지시

복잡한 작업을 요구할 때는 단계를 나누어 지시하는 것이 좋다. AI가 프롬프트를 한번에 이해하지 못할 수 있기 때문에 지시 사항을 나누어서 단계별로 제공한다. 예를 들어, "신제품 출시 계획을 세워 줘"라는 프롬프트보다는 "1. 시장 조사 방법을 제안해 줘, 2. 마케팅 전략을 제안해 줘, 3. 출시 후 피드백 수집 방법을 제안해 줘"와 같이 단계별로 나누어서 지시하면 AI가 더 체계적으로 작업을 수행할 수 있다.

제한 조건

프롬프트에 제한 조건을 포함하는 것도 중요하다. 제한 조건은 AI가 생성할 결과의 범위를 좁히고, 더 정확한 결과를 도출하는 데 도움이 된다. 예를 들어, "저비용으로 마케팅 전략을 제안해 줘"라는 프롬프트보다는 "월 예산 100만 원 이하로 소셜 미디어를 활용한 마케팅 전략을 제안해 줘"가 더 효과적이다.

효과적인 프롬프트 작성은 생성 AI의 성능을 극대화하는 데 필수적이다. 명확하고 구체적인 지시, 맥락 제공, 예시 활용, 단계별 지시, 제한 조건 명시 등의 방법을 통해 프롬프트 작성 기술을 향상시킬 수 있다.

그리고 한번의 프롬프트 작성으로 끝나는 것이 아니라 다양한 프롬프트를 시도해 보면서 어떤 프롬프트가 가장 좋은 결과를 도출하는지 알아가고 찾아내는 과정이 필요하다. 이를 통해 CEO는 생성 AI를 보다 효과적으로 활용해 비즈니스 목표를 달성할 수 있다.

나의 사업에 맞는 프롬프트 활용과 사례

프롬프트 예시를 통해 나의 사업 또는 업무에 맞는 효과적인 프롬프트 활용 방법을 알아본다.

고객 서비스 개선을 위한 프롬프트 활용

고객 서비스는 기업의 성공에 중요한 역할을 한다. 생성 AI와 프롬프트를 활용하면 고객 서비스의 질을 크게 향상시킬 수 있다. 다음은 고객 서비스 개선을 위한 구체적인 프롬프트 활용 방법이다.

(1) 자동 응답 시스템 구축

고객 문의에 신속하게 대응하기 위해 자동 응답 시스템을 구축할 수 있다. 예를 들어, 고객이 자주 묻는 질문에 대한 답변을 생성 AI가 자동으로 제공하도록 설정할 수 있다. 이를 위해 다음과 같은 프롬프트를 사용할 수 있다.

"고객이 '배송 상태를 알고 싶어요'라고 물었을 때, 배송 상태를 확인하는 방법을 안내해 주세요."
"고객이 '반품 절차가 어떻게 되나요?'라고 물었을 때, 반품 절차를 상세히 설명해 주세요."

이러한 프롬프트를 통해 생성 AI는 고객의 질문에 신속하고 정확하게 답변할 수 있다.

(2) 개인화된 고객 경험 제공

고객의 이름, 구매 이력, 선호도 등을 기반으로 개인화된 응답을 제공할 수 있다. 예를 들어, 고객이 특정 제품에 대해 문의할 때, 해당 고객의 구매 이력을 참고해 관련 제품을 추천할 수 있다. 이를 위해 다음과 같은 프롬프트를 사용할 수 있다.

"고객이 '추천 제품이 있나요?'라고 물었을 때, 고객의 구매 이력을 바탕으로 추천 제품을 안내해 주세요."
"고객이 '지난번에 구매한 제품과 비슷한 제품이 있나요?'라고 물었을 때, 유사한 제품을 추천해 주세요."

이러한 프롬프트를 통해 고객은 자신에게 맞는 맞춤형 서비스를 받을 수 있다.

(3) 문제 해결 지원

고객이 문제를 겪을 때, 생성 AI를 통해 신속하게 문제를 해결할 수 있다. 예를 들어, 고객이 제품 사용 중 문제를 겪을 때, 생성 AI가 문제 해결 방법을 안내할 수 있다. 이를 위해 다음과 같은 프롬프트를 사용할 수 있다.

"고객이 '제품이 작동하지 않아요'라고 말했을 때, 문제 해결 방법을 단계별로 안내해 주세요."
"고객이 '앱이 오류가 나요'라고 말했을 때, 오류 해결 방법을 설명해 주세요."

이러한 프롬프트를 통해 고객은 문제를 신속하게 해결할 수 있다.

(4) 피드백 수집 및 분석

고객의 피드백을 수집하고 분석해 서비스 개선에 활용할 수 있다. 생성 AI를 통해 고객의 피드백을 자동으로 수집하고, 이를 분석해 개선점을 도출할 수 있다. 이를 위해 다음과 같은 프롬프트를 사용할 수 있다.

"고객이 서비스에 대한 피드백을 남겼을 때, 피드백 내용을 요약해 주세요."
"고객의 피드백을 분석하여 주요 개선점을 도출해 주세요."

이러한 프롬프트를 통해 고객의 피드백을 효과적으로 활용할 수 있다.

(5) 다국어 지원

다국어 고객을 지원하기 위해 생성 AI를 활용할 수 있다. 예를 들어, 고객이 다양한 언어로 문의할 때, 생성 AI가 해당 언어로 응답할 수 있다. 이를 위해 다음과 같은 프롬프트를 사용할 수 있다.

"고객이 영어로 문의했을 때, 영어로 응답해 주세요."

"고객이 스페인어로 문의했을 때, 스페인어로 응답해 주세요."

이러한 프롬프트를 통해 글로벌 고객에게도 원활한 서비스를 제공할 수 있다.

고객 서비스 개선을 위해 생성 AI와 프롬프트를 효과적으로 활용하면, 고객 만족도를 높이고, 기업의 경쟁력을 강화할 수 있다. 자동 응답 시스템, 개인화된 고객 경험 제공, 문제 해결 지원, 피드백 수집 및 분석, 다국어 지원 등 다양한 방법을 통해 고객 서비스의 질을 향상시킬 수 있다. 이를 통해 고객과의 신뢰를 구축하고, 장기적인 성공을 이끌어 낼 수 있다.

마케팅 캠페인 최적화를 위한 프롬프트 활용

마케팅 캠페인은 기업의 성공에 중요한 역할을 한다. 생성 AI를 활용한 프롬프트는 마케팅 캠페인을 최적화하는 데 강력한 도구가 될 수 있다. 이번에는 마케팅 캠페인 최적화를 위해 프롬프트를 어떻게 활용할 수 있는지 구체적인 방법을 알아본다.

(1) 타깃 고객 분석

첫 단계는 타깃 고객을 정확히 분석하는 것이다. 생성 AI는 대량의 데이터를 분석해 고객의 행동 패턴, 선호도, 인구통계학적 정보를 추출할 수 있다. 이를 통해 다음과 같은 프롬프트를 생성할 수 있다.

"우리 제품을 가장 많이 구매하는 고객의 특징은 무엇인가?"
"최근 6개월 동안 우리 웹사이트를 방문한 고객의 주요 관심사는 무엇인가?"

이러한 프롬프트를 통해 얻은 인사이트는 마케팅 캠페인의 타기팅을 더욱 정교하게 만들어 준다.

(2) 콘텐츠 생성

마케팅 캠페인의 핵심은 매력적인 콘텐츠다. 생성 AI는 다양한 형태의 콘텐츠를 자동으로 생성할 수 있다. 예를 들어, 블로그 포스트, 소셜 미디어 게시물, 이메일 뉴스레터 등을 생성할 수 있다. 다음과 같은 프롬프트를 사용할 수 있다.

"우리 제품의 주요 기능을 강조하는 블로그 포스트를 작성해 줘."

"새로운 프로모션을 알리는 소셜 미디어 게시물을 작성해 줘."

이러한 프롬프트를 통해 생성된 콘텐츠는 시간과 비용을 절감하면서도 높은 품질을 유지할 수 있다.

(3) A/B 테스트

마케팅 캠페인의 효과를 극대화하기 위해 A/B 테스트는 필수적이다. 생성 AI는 다양한 버전의 광고 카피, 이미지, 랜딩 페이지 등을 생성해 A/B 테스트를 수행할 수 있다. 다음과 같은 프롬프트를 사용할 수 있다.

"두 가지 다른 광고 카피를 생성해 줘. 하나는 감성적인 접근, 다른 하나는 논리적인 접근으로."
"두 가지 다른 랜딩 페이지 디자인을 생성해 줘. 하나는 미니멀리즘 스타일, 다른 하나는 화려한 스타일로."

이러한 프롬프트를 통해 생성된 다양한 버전의 콘텐츠를 테스트해 가장 효과적인 것을 선택할 수 있다.

(4) 실시간 데이터 분석

마케팅 캠페인은 실시간으로 모니터링하고 조정해야 한다. 생성 AI는 실시간 데이터를 분석해 캠페인의 성과를 평가하고, 필요한 조치를 제안할 수 있다. 다음과 같은 프롬프트를 사용할 수 있다.

"현재 진행 중인 캠페인의 클릭률과 전환율을 분석해 줘."
"캠페인 성과를 개선하기 위한 제안을 해 줘."

이러한 프롬프트를 통해 실시간으로 캠페인을 최적화할 수 있다.

(5) 고객 피드백 반영

마지막으로, 고객의 피드백을 반영하는 것이 중요하다. 생성 AI는 고객 리뷰, 설문조사 결과 등을 분석해 개선점을 도출할 수 있다. 다음과 같은 프롬프트를 사용할 수 있다.

"최근 고객 리뷰를 분석해 주요 불만 사항을 도출해 줘."

"설문조사 결과를 바탕으로 제품 개선 방안을 제안해 줘."

이러한 프롬프트를 통해 고객의 목소리를 반영한 마케팅 전략을 수립할 수 있다.

생성 AI와 프롬프트를 활용하면 마케팅 캠페인을 더욱 효과적으로 최적화할 수 있다. 타깃 고객 분석, 콘텐츠 생성, A/B 테스트, 실시간 데이터 분석, 고객 피드백 반영 등 다양한 측면에서 생성 AI의 강력한 기능을 활용해 성공적인 마케팅 캠페인을 운영할 수 있다. 이를 통해 기업은 더 높은 투자 대비 수익(ROI)을 달성하고, 고객과의 관계를 강화할 수 있다.

제품 개발 및 혁신을 위한 프롬프트 활용

제품 개발 및 혁신은 기업의 지속 가능한 성장과 경쟁력

유지를 위해 필수적인 요소다. 생성 AI와 프롬프트를 효과적으로 활용하면 제품 개발 과정에서 창의성과 효율성을 극대화할 수 있다. 다음은 제품 개발 및 혁신을 위한 프롬프트 활용 방법에 대한 구체적인 전략이다.

(1) 아이디어 발굴

"우리 제품의 현재 기능을 개선할 수 있는 새로운 아이디어를 제시해 주세요."

생성 AI는 방대한 데이터와 학습된 패턴을 바탕으로 다양한 아이디어를 제시할 수 있다. 이를 통해 기존 제품의 기능을 개선하거나 새로운 기능을 추가하는 데 필요한 창의적인 아이디어를 얻을 수 있다. 예를 들어, 스마트폰 제조업체는 AI를 통해 사용자 경험을 향상시킬 수 있는 새로운 기능을 제안받을 수 있다.

(2) 시장 조사 및 트렌드 분석

"현재 시장에서 인기 있는 제품 트렌드를 분석해 주세요."

생성 AI는 최신 시장 동향과 소비자 선호도를 분석해 제품 개발에 필요한 인사이트를 제공한다. 이를 통해 기업은 시장의 요구에 부합하는 제품을 개발할 수 있으며, 경쟁사보다 한 발 앞서 나갈 수 있다. 예를 들어, 패션 업계에서는 AI를 통해 시즌별 인기 색상이나 디자인 트렌드를 파악할 수 있다.

(3) 프로토타입 개발

"새로운 제품의 프로토타입 디자인을 제안해 주세요."

생성 AI는 제품의 초기 디자인 단계에서 다양한 프로토타입을 제안할 수 있다. 이를 통해 디자인 팀은 여러 가지 옵션을 빠르게 검토하고 최적의 디자인을 선택할 수 있다. 예를 들어, 자동차 제조업체는 AI를 통해 다양한 차량 디자인을 시뮬레이션하고 최적의 모델을 선택할 수 있다.

(4) 사용자 피드백 분석

"사용자 피드백을 분석해 제품 개선 방안을 제시해 주세요."

생성 AI는 대량의 사용자 피드백을 신속하게 분석하고, 제품 개선에 필요한 구체적인 방안을 제시할 수 있다. 이를 통해 기업은 사용자 만족도를 높이고, 제품의 품질을 지속적으로 향상시킬 수 있다. 예를 들어, 소프트웨어 개발 회사는 AI를 통해 버그 리포트와 사용자 리뷰를 분석해 소프트웨어의 안정성을 개선할 수 있다.

(5) 혁신적인 솔루션 제안

"현재 제품의 한계를 극복할 수 있는 혁신적인 솔루션을 제안해 주세요."

생성 AI는 기존 제품의 한계를 극복하고 새로운 시장을 개척할 수 있는 혁신적인 솔루션을 제안할 수 있다. 이를 통해 기업은 새로운 비즈니스 기회를 창출하고, 시장에서 경쟁력을 강화할 수 있다. 예를 들어, 의료기기 제조업체는 AI를 통해 새로운 진단 기법이나 치료 방법을 개발할 수 있다.

생성 AI와 프롬프트를 활용한 제품 개발 및 혁신은 기업의 경쟁력을 강화하고, 지속 가능한 성장을 가능하게 한다. 아이디어 발굴부터 시장 조사, 프로토타입 개발,

사용자 피드백 분석, 혁신적인 솔루션 제안, 협업 및 커뮤니케이션 강화까지 다양한 단계에서 생성 AI를 효과적으로 활용하면, 제품 개발 과정에서 창의성과 효율성을 극대화할 수 있다. 이를 통해 기업은 변화하는 시장 환경에 신속하게 대응하고 지속적인 혁신을 이룰 수 있다.

이와 같이, 생성 AI와 프롬프트를 적절히 활용하면, 다양한 사업 영역에서 효율성과 효과를 극대화할 수 있다. 그리고 자신의 사업 특성에 맞는 프롬프트를 작성한다면, 이를 통해 기업경쟁력을 강화할 수 있다.

참고문헌

나무위키. 프롬프트.
https://namu.wiki/w/프롬프트

AI Codiny. 프롬프트 구성.
https://aicodiny.com/ai-train/gan/llm

Mizrahi, G.(2024). *Unlocking the Secrets of Prompt Engineering.* Packt Publishing.

Theobald, O.(2024). *ChatGPT Prompts Book – Precision Prompts, Priming, Training & AI Writing Techniques for Mortals.* Scatterplot Press.

챗GPT 프롬프트

1. 현재 우리 산업에서 주목해야 할 최신 트렌드와 시장 변화를 분석해 주세요. 특히, 향후 6개월에서 1년 동안 주목해야 할 주요 동향은 무엇인가요?

2. 우리 주요 경쟁사들의 최근 활동과 전략을 분석해 주세요. 그들의 강점과 약점은 무엇이며, 우리가 벤치마킹할 수 있는 부분은 무엇인가요?

3. 최근 6개월 동안 우리 제품/서비스에 대한 고객 피드백을 분석해 주세요. 주요 긍정적 피드백과 부정적 피드백은 무엇이며, 이를 개선하기 위한 제안은 무엇인가요?

4. 우리 회사의 현재 내부 프로세스를 분석하고, 효율성을 높이기 위한 개선 방안을 제안해 주세요. 특히, 비용 절감과 생산성 향상에 중점을 두고 분석해 주세요.

5. 우리 회사의 핵심 역량을 바탕으로 새로운 비즈니스 기회를 탐색해 주세요. 특히, 현재 시장에서 성장 가능성이 높은 분야는 무엇인가요?

04
생성 AI의 대부, 챗GPT

챗GPT는 생성 AI의 대표 주자이며, 인기가 많은 AI다. 챗GPT의 기본적인 개념, 특징, 사용 방식을 알아보고, 효과적으로 비즈니스에 활용하는 방법을 찾아본다. 챗GPT를 고객 서비스, 마케팅, 제품 개발, 데이터 분석 등 여러 방법으로 활용하는데, 기업이 어떻게 경쟁력을 강화할 수 있는지 구체적으로 알아본다.

챗GPT의 기본 개념과 특징

챗GPT의 개요

챗GPT는 OpenAI에서 개발한 대화형 인공지능 서비스로, GPT(Generative Pre-trained Transformer) 모델을 기반으로 하고 있다. GPT는 자연어 처리(NLP) 분야에서 혁신적인 성과를 거둔 모델로, 인간과 유사한 텍스트를 생성할 수 있는 능력을 가지고 있다. 챗GPT는 이러한 GPT 모델을 대화형 응용 프로그램에 특화시킨 버전으로, 사용자와의 상호작용을 통해 다양한 질문에 답변하고, 대화를 이어 나갈 수 있는 능력을 갖추고 있다. 이는 대화의 맥락을 이해하고, 적절한 응답을 생성하는 능력을 가지고 있어서 다양한 분야에서 유용하게 활용될 수 있다. 예를 들어, 고객 지원, 교육, 콘텐츠 생성, 개인 비서 등 다양한 응용 분야에서 챗GPT는 중요한 역할을 하고 있다.

챗GPT의 발전은 인공지능 기술의 발전과 함께 이루어졌으며, 앞으로도 더욱 정교하고 유용한 대화형 인공지능 모델이 개발될 것으로 기대된다.

챗GPT의 작동 원리

챗GPT의 작동 원리는 크게 세 가지 주요 단계로 나눌 수 있다. 사전 학습(Pre-training), 미세조정(Fine-tuning), 그리고 실시간 응답 생성이다.

(1) 사전 학습(Pre-training)

사전 학습 단계에서 챗GPT는 대규모 텍스트 데이터셋을 사용해 언어의 구조와 패턴을 학습한다. 이 과정에서 모델은 인터넷에 존재하는 방대한 양의 텍스트 데이터를 입력으로 받아들여, 다음 단어를 예측하는 방식으로 학습한다. 예를 들어, "고양이가 ____에 앉아 있다"라는 문장이 주어졌을 때, 모델은 빈칸에 들어가는 단어를 예측하도록 훈련된다. 이 과정에서 모델은 단어 간의 관계, 문법, 문맥 등을 이해하게 된다.

(2) 미세조정 (Fine-tuning)

사전 학습이 완료된 후, 모델은 특정 작업에 맞게 미세조정된다. 이 단계에서는 더 작은 규모의, 보다 구체적인 데이터셋을 사용해 모델을 조정한다. 예를 들어, 대화형 AI로서의 성능을 향상시키기 위해 다양한 질문과 답변 쌍을 포함한 데이터셋을 사용해 모델을 훈련시킨다. 이 과정에서 모델은 사용자와의 상호작용에서 적절한 응답을 생성하는 능력을 향상시킨다. 미세조정 단계는 모델이 특정 도메인이나 응용 분야에 맞게 최적화되도록 도와준다.

(3) 실시간 응답 생성

실시간 응답 생성 단계에서는 사용자가 입력한 질문이나 문장에 대해 모델이 즉각적으로 응답을 생성한다. 이 과정은 다음과 같이 이루어진다.

A. 입력 처리: 사용자가 입력한 텍스트가 토큰화(tokenization)되어 모델에 입력된다. 토큰화는 텍스트를 단어 또는 하위 단위로 분할하는 과정이다.

B. 모델 예측: 입력된 토큰을 기반으로 모델은 다음에 올 단어를 예측한다. 이 예측은 모델의 내부 파라미터와 학습된 패턴을 기반으로 이루어진다.

C. 응답 생성: 예측된 단어를 바탕으로 문장이 생성된다. 이 과정은 반복적으로 이루어져, 사용자가 원하는 길이의 응답이 완성될 때까지 계속된다.

D. 후처리: 생성된 응답은 후처리 과정을 거쳐, 문법적으로나 의미적으로 자연스러운 형태로 다듬어진다.

이러한 일련의 과정을 통해 챗GPT는 사용자와의 대화에서 자연스럽고 유용한 응답을 생성할 수 있다. 모델의 성능은 사용된 데이터의 품질과 양, 그리고 학습 과정에서의 다양한 최적화 기법에 의해 좌우된다. 챗GPT는 이러한 복잡한 과정을 통해 인간과 유사한 언어 이해 및 생성 능력을 갖추게 되며, 이는 다양한 비즈니스 및 개인용 응용 프로그램에서 활용될 수 있다.

챗GPT의 주요 특징

챗GPT는 다양한 응용 분야에서 유용하게 사용될 수 있는 여러 가지 주요 특징을 가지고 있다. 챗GPT의 주요 특징을 구체적으로 살펴보자.

(1) 자연스러운 대화 능력

챗GPT는 사람과 유사한 방식으로 대화를 나눌 수 있는 능력을 가지고 있다. 이는 대규모 데이터셋을 기반으로 학습된 언어 모델(Language Model: LM) 때문이다. 이 언어 모델을 통해서 사용자가 입력한 질문이나 명령에 대한 맥락을 이해하고 적절한 응답을 생성할 수 있다. 이로 인해 고객 서비스, 기술 지원, 교육, 마케팅 등 다양한 분야에서 유용하게 활용될 수 있다.

(2) 광범위한 지식 기반

챗GPT는 인터넷에서 수집된 방대한 양의 텍스트 데이터를 학습해 다양한 주제에 대한 지식을 보유하고 있다. 역사, 과학, 예술, 기술 등 여러 분야에 걸쳐 깊이 있는 정보를 제공할 수 있다. 이는 사용자가 다양한 질문을 던졌을 때, 신뢰할 수 있는 답변을 얻을 수 있게 있다.

(3) 지속적인 학습과 업데이트

챗GPT는 지속적으로 업데이트되고 개선된다. 오픈AI는 새로운 데이터와 기술을 반영해 모델을 주기적으로 업그레이드한다. 이를 통해 최신 정보와 기술 트렌드를 반영한 응답을 제공할 수 있으며, 모델의 성능과 정확도도 꾸준히 향상된다.

(4) 사용자 맞춤형 응답

챗GPT는 사용자의 요구와 선호에 맞춰 응답을 조정할 수 있는 능력을 가지고 있다. 예를 들어, 특정한 어조나 스타일로 대화를 나누고자 할 때, 이를 반영해 응답을 생성할 수 있다. 이는 개인화된 사용자 경험을 제공하는 데 큰 도움이 된다.

(5) 다국어 지원

챗GPT는 여러 언어를 이해하고 생성할 수 있는 능력을 가지고 있다. 이는 글로벌 비즈니스 환경에서 매우 유용하며, 다양한 언어를 사용하는 고객과의 소통을 원활하게 한다. 다국어 지원 기능은 기업이 해외 시장에서 경쟁력을 갖추는 데 중요한 역할을 한다.

(6) 높은 확장성

챗GPT는 클라우드 기반으로 제공되기 때문에 높은

확장성을 가진다. 이는 기업이 필요에 따라 인프라를 확장하거나 축소할 수 있게 하여, 비용 효율적인 운영을 가능하게 한다. 또한, API를 통해 다양한 애플리케이션과 쉽게 통합할 수 있어서 기존 시스템에 원활하게 적용할 수 있다.

(7) 윤리적 고려와 안전성

오픈AI는 챗GPT의 개발과 운영에서 윤리적 고려와 안전성을 중요하게 생각한다. 모델이 생성하는 응답이 부적절하거나 유해하지 않도록 다양한 안전 장치를 마련하고 있다. 이는 기업이 챗GPT를 신뢰하고 사용할 수 있게 하는 중요한 요소다.

이와 같은 주요 특징들은 챗GPT가 단순한 대화형 AI를 넘어 다양한 비즈니스와 산업 분야에서 혁신적인 도구로 활용될 수 있게 한다. 기업은 이러한 특징들을 활용해 고객 서비스 개선, 내부 효율성 증대, 새로운 비즈니스 기회 창출 등 다양한 이점을 누릴 수 있다.

챗GPT의 사용 방식과 비즈니스 활용법

챗GPT의 사용 방식과 이를 비즈니스에 어떻게 활용할 수 있는지에 대해 구체적으로 살펴보자.

챗GPT의 사용 방식

챗GPT는 사용자가 자연어로 질문을 입력하면 그에 대한 답변을 생성하는 인공지능 모델이다. 사용법은 매우 간단하다. 먼저 챗GPT를 제공하는 플랫폼(https://chatgpt.com)에 접속해 텍스트 입력 창에 질문이나 요청을 입력한다. 예를 들어, "오늘 서울 날씨는 어때?"라고 입력하면, 챗GPT는 해당 질문에 대한 답변을 생성해 사용자에게 제공한다. 이 과정에서 사용자는 특정한 명령어나 코드를 알 필요 없이, 일상적인 언어로 소통할 수 있다. 챗GPT는 대화의 맥락을 이해하고, 연속적인 질문에도 일관된 답변을 제공할 수 있어 사용자 경험을 더욱 향상시킨다.

또 한 가지 방식으로, 챗GPT는 API를 통해서 접근할 수 있다. API는 애플리케이션 프로그래밍 인터페이스(Application Programming Interface)의 약자로, 소프트웨어 간의 상호작용을 가능하게 하는 도구다. 오픈AI의 API를 통해 챗GPT에 접근하면 고객 서비스, 콘텐츠 생성, 교육 등 다양한 형태로 활용할 수 있고 시간과 비용도 절약할 수 있다.

비즈니스 활용법

챗GPT는 다양한 비즈니스 분야에서 혁신적인 도구로 활용될 수 있다. 다음은 몇 가지 주요 활용 사례다.

(1) 고객 서비스: 챗GPT는 24시간 고객 지원을 제공할 수 있는 챗봇으로 활용될 수 있다. 고객의 질문에 신속하고 정확하게 답변하며, 복잡한 문제는 인간 상담원에게 전달할 수 있다. 이를 통해 고객 만족도를 높이고, 운영 비용을 절감할 수 있다.

(2) 마케팅 및 세일즈: 챗GPT는 개인화된 마케팅 메시지를 생성하고, 잠재 고객과의 대화를 통해 제품이나 서비스를 추천할 수 있다. 예를 들어, 고객의 구매 이력을 분석해 맞춤형 제품 추천을 제공하거나, 세일즈 팀이 사용할 수 있는 스크립트를 생성할 수 있다.

(3) 콘텐츠 생성: 챗GPT는 블로그 포스트, 소셜 미디어 콘텐츠, 뉴스레터 등 다양한 형태의 콘텐츠를 생성할 수 있다. 이를 통해 마케팅 팀은 더 많은 콘텐츠를 빠르게 생산할 수 있으며, 창의적인 작업에 더 많은 시간을 할애할 수 있다.

(4) 데이터 분석 및 보고서 작성: 챗GPT는 복잡한 데이터 세트를 분석하고, 이를 이해하기 쉬운 형태로 요약할 수 있다. 예를 들어, 월간 판매 데이터를 분석해 주요

트렌드와 인사이트를 도출하거나 보고서 작성도 할 수 있다.

(5) 교육 및 훈련: 챗GPT는 직원 교육 및 훈련 프로그램에서 사내 강사 역할을 할 수 있다. 예를 들어, 새로운 소프트웨어 사용법을 설명하거나, 특정 주제에 대한 질문에 답변할 수 있다. 이를 통해 교육 비용을 절감하고, 직원의 학습 효율성을 높일 수 있다.

(6) 번역 및 다국어 지원: 챗GPT는 다양한 언어를 지원하므로, 글로벌 비즈니스 환경에서 다국어 지원을 제공할 수 있다. 예를 들어, 다국적 고객과의 커뮤니케이션을 원활하게 하거나 다국어로 된 문서를 번역할 수 있다.

챗GPT는 강력한 자연어 처리(NLP) 능력을 통해 다양한 비즈니스 분야에서 혁신적인 변화를 가져올 수 있다. 고객 서비스, 마케팅, 콘텐츠 생성, 데이터 분석, 교육, 번역 등 다양한 영역에서 챗GPT를 활용하면, 효율성을 높이고 비용을 절감하며, 더 나은 고객 경험을 제공할 수 있다. CEO는 챗GPT를 적극적으로 도입해 경쟁력을 강화하고 미래의 비즈니스 환경에 대비해야 할 것이다.

챗GPT를 통한 경쟁력 강화 전략

현대 비즈니스 환경에서 경쟁력을 유지하고 강화하는 것은 모든 CEO의 주요 과제다. 생성 AI, 특히 챗GPT와 같은 도구는 이러한 목표를 달성하는 데 중요한 역할을 할 수 있다. 챗GPT를 활용해 효율성을 증대하고, 고객 경험을 개선하며, 혁신을 촉진하고, 비용을 절감하는 전략을 실제 사례와 함께 살펴보자.

효율성 증대

챗GPT는 다양한 업무에서 효율성을 크게 향상시킬 수 있다. 예를 들어 고객 지원 부서에서는 챗GPT를 활용해 반복적인 문의에 대한 자동 응답 시스템을 구축할 수 있다. 이는 고객 지원 팀이 더 복잡한 문제에 집중할 수 있게 해 전체적인 업무 효율성을 높인다.

글로벌 전자상거래 기업 아마존은 챗GPT를 도입해 고객 지원 업무를 자동화했다. 이로 인해 고객 문의 처리 시간이 단축되었으며, 고객 만족도도 상승했다. 또한, 고객 지원 팀은 더 복잡한 문제 해결에 집중할 수 있게 되어 업무 효율성이 크게 향상되었다.

고객 경험 개선

고객 경험은 기업의 성공에 중요한 요소다. 챗GPT는 고객과의 상호작용을 개인화하고, 신속하고 정확한 응답을 제공함으로써 고객 경험을 개선할 수 있다. 예를 들어, 고객이 제품에 대한 정보를 문의할 때, 챗GPT는 고객의 이전 구매 기록과 선호도를 바탕으로 맞춤형 추천을 제공할 수 있다.

금융 서비스 회사 JP모건 체이스(JP Morgan Chase)는 챗GPT를 활용해 고객 상담 서비스를 개선했다. 고객이 금융 상품에 대해 문의할 때, 챗GPT는 고객의 금융 상황과 목표를 분석해 맞춤형 상담을 제공했다. 이로 인해 고객 만족도가 상승했으며, 신규 고객 유치율도 증가했다.

혁신 촉진

챗GPT는 기업 내 혁신을 촉진하는 데 중요한 도구가 될 수 있다. 예를 들어 챗GPT를 활용해 내부 아이디어를 수집하고 분석함으로써 새로운 비즈니스 기회를 발굴할 수 있다. 또한, 챗GPT는 다양한 데이터 소스를 통합해 인사이트를 도출하고, 이를 바탕으로 혁신적인 전략을 수립할 수 있다.

제조업체 지멘스(Siemens)는 챗GPT를 활용해 내부 아이디어 공모전을 개최했다. 직원들이 제출한 아이디어를 챗GPT가 분석하고, 가장 유망한 아이디어를 선별해 경영진에게 보고했다. 이를 통해 새로운 제품 라인이 개발되었으며, 이는 회사의 매출을 증가시키는 데 기여했다.

비용 절감

챗GPT는 다양한 방식으로 비용 절감을 실현할 수 있다. 예를 들어, 인력 비용을 절감하기 위해 챗GPT를 활용해 자동화된 고객 지원 시스템을 구축할 수 있다. 또한, 챗GPT는 데이터 분석과 예측을 통해 운영 효율성을 높이고 불필요한 비용을 줄일 수 있다.

한 중소기업은 챗GPT를 도입해 마케팅 캠페인을 자동화했다. 챗GPT는 고객 데이터를 분석해 최적의 마케팅 전략을 제안하고, 이를 자동으로 실행했다. 이로 인해 마케팅 비용이 절감되고 캠페인 효과는 증가했다.

챗GPT는 이렇게 다양한 측면에서 기업의 경쟁력을 강화할 수 있는 강력한 도구다. 챗GPT를 전략적으로 활용한다면, 기업은 더욱 효율적이고 혁신적인 방식으로 운영할 수 있다.

참고문헌

김태원(2023). “[THE AI REPORT 2023-10] 공공분야 생성형 AI 활용 방안]”, 한국지능정보사회진흥원.

정지수(2024). “챗GPT 활용 증가에 따른 자본시장 이슈”. 자본시장연구원.

권보경(2024). “AI시대 혁신 사례와 시사점 1 : 제조편”. 포스코경영연구원.

Alto, V.(2023). *Modern Generative AI with chatGPT and OpenAI Models*. Packt Publishing.

챗GPT 프롬프트

1. 고객 불만 사항을 효과적으로 처리하기 위한 대응 방안을 제안해 주세요.

2. 현재 시장 트렌드를 반영한 마케팅 캠페인 아이디어를 제안해 주세요.

3. 팀 간 협업을 촉진하기 위한 내부 커뮤니케이션 전략을 제안해 주세요.

4. 우리 회사의 판매 데이터를 분석해 주요 인사이트를 도출해 주세요.

5. 고객 피드백을 바탕으로 제품 개선 방안을 제안해 주세요.

05
이미지 생성 AI의 선두주자, 미드저니

디지털 시대에 이미지 생성 AI는 기업의 경쟁력을 강화하는 중요한 도구로 자리 잡고 있다. 그중에서도 미드저니는 뛰어난 이미지 생성 능력으로 주목받고 있다. 미드저니의 기본 개념과 특징, 사용 방법을 살펴보고, 이를 비즈니스에 효과적으로 활용하는 전략과 다양한 사례를 소개한다. 미드저니를 통해 기업은 창의적인 이미지 콘텐츠를 신속하게 제작하고, 마케팅 및 브랜딩 등에서 차별화된 경쟁력을 확보할 수 있다.

미드저니의 기본 개념과 특징

미드저니(MidJourney)는 이미지 생성 인공지능 분야에서 혁신적인 기술을 선보이며 주목받고 있는 플랫폼이다. 이 기술은 사용자가 입력한 텍스트를 바탕으로 고품질의 이미지를 생성하는 능력을 갖추고 있다. 미드저니는 단순한 이미지 생성 도구를 넘어서 창의성과 효율성을 극대화하는 다양한 기능을 제공해 여러 산업 분야에서 활용되고 있다.

기본 개념

미드저니의 핵심은 자연어 처리와 컴퓨터 비전 기술의 융합에 있다. 사용자가 생성하고자 하는 내용을 텍스트로 입력하면, 미드저니는 이를 분석해 해당 텍스트에 부합하는 이미지를 생성한다. 이 과정에서 딥러닝 알고리즘이 사용되며, 특히 생성적 적대 신경망(GAN)이 중요한 역할을 한다.

미드저니 특징

미드저니는 고해상도 이미지를 생성할 수 있는 능력을 갖추고 있다. 이는 다양한 산업에서 사용될 수 있는 실용적인 이미지를 제공하는 데 큰 장점이 된다. 예를 들어,

광고, 마케팅, 게임 디자인, 영화 제작 등에서 고품질의 시각 자료가 필요할 때 미드저니는 매우 유용하다.

미드저니는 직관적인 사용자 인터페이스를 제공해 비전문가도 쉽게 사용할 수 있다. 텍스트 입력만으로 이미지를 생성할 수 있기 때문에, 복잡한 그래픽 디자인 소프트웨어를 다룰 필요가 없다. 이는 시간과 비용을 절감하는 데 큰 도움이 된다.

미드저니는 다양한 스타일과 테마의 이미지를 생성할 수 있다. 예를 들어, 사용자 입력에 따라 현실적인 사진, 만화 스타일의 그림, 추상적인 예술 작품 등 다양한 형태의 이미지를 만들어 낼 수 있다. 이는 창의적인 작업을 하는 디자이너나 예술가들에게 큰 영감을 제공한다.

미드저니는 사용자가 원하는 대로 이미지를 맞춤화할 수 있는 기능을 제공한다. 특정 색상, 질감, 배경 등을 지정할 수 있으며, 이를 통해 더욱 세밀하고 개인화된 이미지를 생성할 수 있다. 이는 브랜드 아이덴티티를 강화하거나 특정 프로젝트의 요구 사항을 충족하는 데 유용하다.

미드저니는 빠른 이미지 생성 속도를 자랑한다. 이는 특히 시간에 민감한 프로젝트에서 큰 장점이 된다. 예를 들어, 광고 캠페인이나 소셜 미디어 콘텐츠 제작 시 빠르게 고품질의 이미지를 생성할 수 있어 효율성을 높일 수 있다.

미드저니는 지속적으로 학습하고 개선되는 AI 모델을 사용한다. 사용자 피드백과 새로운 데이터셋을 통해 알고리즘이 점점 더 정교해지며, 이는 시간이 지남에 따라 더욱 높은 품질의 이미지를 생성할 수 있게 한다.

미드저니는 이미지 생성 AI 분야에서 선두주자로 자리매김하고 있으며, 다양한 산업에서 변화를 이끌어 내고 있다. 고품질 이미지 생성, 사용자 친화적 인터페이스, 다양한 스타일과 테마 지원, 맞춤 기능, 빠른 처리 속도, 그리고 지속적인 AI 학습과 개선은 미드저니를 차별화된 플랫폼으로 만들어 준다.

미드저니의 사용 방법

미드저니는 이미지 생성 AI 분야에서 리더 위치에 있다. 사용자가 텍스트 입력을 통해 고품질의 이미지를 생성할 수 있게 해 준다. 미드저니 계정 생성부터 이미지 생성하는 방법에 대해 단계별로 알아보자.

미드저니 계정 생성과 환경 세팅

미드저니를 사용하기 위해서는 먼저 미드저니 봇을 디

스코드 서버에 초대해야 한다. 디스코드(discord)는 일반적으로 게이머들 사이에서 인기가 높은 커뮤니케이션 플랫폼이지만, 최근에는 다양한 커뮤니티와 협업 도구로도 널리 사용되고 있다. 디스코드를 통해서 미드저니를 활용하는 과정은 다음과 같다.

Step 1

(1) 디스코드 가입하기: Discord 웹사이트(https://www.discord.com)로 가서 로그인을 선택한다.

(2) 디스코드 계정 만들기: 등록페이지에서 하단에 가입하기 클릭 → 개인정보 넣기 → 계속하기

(3) 이메일 인증: 이메일에서 인증 확인하기 → 등록 완료

Step 2

(1) 미드저니 가입하기: 미드저니 웹사이트(https://www.midjourney.com)에 접속해 'Sign Up' 버튼 클릭 → 'Contiune with Discord' 클릭 → 별명 넣고 계속하기 클릭하면 디스코드 링크로 리디렉션된다.

(2) 미드저니 봇 초대: 디스코드에서 확인된 계정으로 로그인한 후 미드저니 디스코드 채널 초대를 수락(미드저니 봇이 디스코드 계정에 액세스할 수 있도록 권한을 부여)한다.

(3) 계정 설정 및 디스코드 연결 완료한다.

(4) 미드저니 플랜 선택하기: 현재 미드저니에는 무료 플랜이 없다. 그래서 이미지 생성을 하기 위해서는 유료 플랜에 가입해야 한다.

#newbies에서 명령어 /subscribe를 입력한다. 이것은 슬래시 명령어이며 미드저니와 같은 디스코드 봇과 상호 작용하는 방법이다. 이 명령어를 입력하면 미드저니 플랜으로 안내하는 링크가 나타난다. 그중에 하나를 선택하면 된다. 기본만 사용한다면 Basic 플랜(약 200개 이미지 생성)을 선택한다.

(5) 나만의 서버 생성: 디스코드 내에서 새로운 서버를 생성한다. 서버 생성은 간단하며, '+서버 만들기' 버튼을 클릭하고 '직접 만들기' → '이 질문을 건너뛰세요' → 서버 이름 입력 → '만들기' 클릭한다.

(6) 미드저니 봇을 나의 서버에 초대가 되면, 이제 본격적으로 이미지를 생성할 수 있다.

미드저니를 통해 이미지 생성하기

미드저니 봇과 상호작용하는 방법, 즉 이미지 생성하는 방법은 다음과 같다.

(1) 명령어 입력: 디스코드 채널에서 '/imagine' 명령어를 입력한 후, 한 칸 띄고 생성하고자 하는 이미지 설명을 텍스트로 입력한다. 예를 들어, 귀여운 고양이를 생성한다면, '/imagine a qute cat'과 같이 입력할 수 있다. 참고로 미드저니는 아직까지 한글 인식을 제대로 못하기 때문에 영어로 텍스트(프롬프트)를 넣어 주어야 한다.

(2) 이미지 생성: 명령어를 입력하면 미드저니 봇이 해당 텍스트를 기반으로 이미지를 생성한다. 생성된 이미지는 디스코드 채널에 자동으로 게시된다.

(3) 옵션 선택: 생성된 이미지가 마음에 들지 않으면, 다양한 옵션을 통해 이미지를 수정할 수 있다. 예를 들어, '업스케일(Upscale)' 옵션을 선택하면 이미지의 해상도를 높일 수 있고, '변형(Variation)' 옵션을 선택하면 이미지의 스타일이나 구성을 변경할 수 있다.

고급 기능 활용하기

미드저니는 기본적인 이미지 생성 외에도 다양한 고급 기능을 제공한다. 고급 기능을 활용하려면, 고급 프롬프트를 입력해야 한다. 고급 프롬프트는 텍스트 뿐만 아니라 이미지, 매개변수가 포함될 수 있다. 이러한 고급 프롬프트를 활용하면 더욱 정교하고 퀄리티가 높고, 창의적인 이미지를 생성할 수 있다.

고급 프롬프트를 입력할 때는 중요한 맥락이나 세부 사항에 대해서 명확하게 설명하는 게 중요하다.

다음과 같은 세부 정보를 구체적으로 프롬프트에 넣어 준다.

– 주제: 사람, 동물, 캐릭터, 위치, 사물 등
– 매체: 사진, 그림, 일러스트, 조각, 낙서, 태피스트리 등
– 환경: 실내, 실외, 달, 수중, 도시 등
– 조명: 부드러운, 주변적인, 흐린, 네온, 스튜디오 조명 등
– 색상: 생동감 있는, 차분한, 밝은, 단색, 다채로운, 흑백, 파스텔 등
– 기분: 차분함, 차분함, 시끄러움, 활력있는 등
– 구성: 인물, 헤드샷, 클로즈업, 조감도 등

예를 들어, 특정 아티스트의 스타일이나 특정 시대의 예술적 요소를 반영한 이미지를 생성하고자 할 때, 반 고흐의 화풍을 반영한 이미지를 생성한다면, 'in the style of Van Gogh'와 같이 반 고흐의 이름(세부 정보)을 입력한다.

또 이미지 생성 과정에서 다양한 파라미터를 조정해

원하는 결과를 얻을 수 있다. 예를 들어 이미지의 색상, 명암, 구도 등을 세부적으로 조정할 수 있다.

미드저니는 사용자의 창의력을 극대화할 수 있는 도구이기 때문에 미드저니의 기본 사용 방법부터 고급 기능까지 사용해서 다양한 이미지를 생성할 수 있다.

미드저니를 활용한 비즈니스 전략과 사례

미드저니를 활용한 비즈니스 전략과 실제 사례를 통해 그 잠재력을 구체적으로 살펴보자.

마케팅과 브랜딩

미드저니는 마케팅과 브랜딩에서 강력한 도구로 활용될 수 있다. 전통적인 마케팅 캠페인은 시간과 비용이 많이 소요되지만, 미드저니를 활용하면 짧은 시간 내에 고품질의 이미지를 생성할 수 있다. 예를 들어, 패션 브랜드는 미드저니를 사용해 새로운 컬렉션의 콘셉트 이미지를 빠르게 생성하고, 이를 소셜 미디어와 광고에 활용할 수 있다. 이는 브랜드의 시각적 일관성을 유지하면서도 신속하게 시장에 대응할 수 있는 능력을 제공한다.

제품 디자인과 프로토타이핑

제품 디자인 과정에서도 미드저니는 혁신적인 도구로 자리잡고 있다. 전통적인 디자인 프로세스는 여러 단계의 수정과 피드백을 거쳐야 하지만, 미드저니를 활용하면 초기 디자인 단계에서 다양한 시안을 빠르게 생성할 수 있다. 예를 들어, 가구 제조업체는 미드저니를 사용해 다양한 디자인 옵션을 시각화하고, 이를 기반으로 고객 피드백을 받아 최종 제품을 결정할 수 있다. 이는 제품 개발 주기를 단축하고, 시장 출시 시간을 앞당기는 데 큰 도움이 된다.

콘텐츠 제작

미디어와 엔터테인먼트 산업에서도 미드저니는 중요한 역할을 하고 있다. 영화, 게임, 광고 등 다양한 콘텐츠 제작 과정에서 고품질의 이미지를 생성할 수 있는 능력은 매우 중요하다. 예를 들어, 영화 제작사는 미드저니를 사용해 영화의 콘셉트 아트를 빠르게 생성하고, 이를 기반으로 세트 디자인과 시각 효과를 계획할 수 있다. 이는 제작 비용을 절감하고, 창의적인 아이디어를 시각적으로 구현하는 데 큰 도움이 된다.

교육과 훈련

교육 분야에서도 미드저니는 혁신적인 도구로 활용될 수 있다. 예를 들어, 의학 교육에서는 해부학적 구조를 시각적으로 이해하는 것이 중요한데, 미드저니를 사용해 고해상도의 해부학 이미지를 생성할 수 있다. 이는 학생들이 복잡한 구조를 쉽게 이해하고, 학습 효과를 높이는 데 기여할 수 있다. 또한, 기업의 내부 훈련 프로그램에서도 미드저니를 활용해 다양한 시나리오를 시각화하고, 직원들의 이해도를 높일 수 있다.

맞춤형 고객 경험

미드저니는 맞춤형 고객 경험을 제공하는 데도 유용하다. 예를 들어 전자상거래 플랫폼은 미드저니를 사용해 고객의 선호도에 맞춘 개인화된 제품 이미지를 생성할 수 있다. 이는 고객의 구매 의사를 높이고, 재방문율을 증가시키는 데 기여할 수 있다. 또한 부동산 업계에서는 미드저니를 활용해 고객이 원하는 스타일의 인테리어 디자인을 시각화하고, 이를 기반으로 맞춤형 서비스를 제공할 수 있다.

미드저니를 활용한 또 다른 사례로는 글로벌 패션 브

랜드인 나이키(Nike)를 들 수 있다. 나이키는 미드저니를 사용해 새로운 운동화 디자인을 시각화하고, 이를 기반으로 마케팅 캠페인을 전개했다. 미드저니를 통해 생성된 이미지는 소셜 미디어에서 큰 호응을 얻었고, 이는 제품 판매로 이어졌다. 또, 게임 개발사인 유비소프트(Ubisoft)가 있다. 유비소프트는 미드저니를 사용해 게임의 콘셉트 아트를 빠르게 생성하고, 이를 기반으로 게임 개발을 진행했다. 이는 개발 시간을 단축시키고, 창의적인 아이디어를 시각적으로 구현하는 데 큰 도움이 되었다.

결론적으로, 미드저니는 디지털 창의성의 새로운 지평을 열었다. 예술과 디자인, 마케팅에서 무한한 잠재력을 가진 미드저니는 혁신적인 비즈니스 전략을 가능하게 하는 강력한 도구다. 이를 통해 CEO는 비용을 절감하고, 시장 대응 속도를 높이며, 창의적인 아이디어를 시각적으로 구현할 수 있다. 미드저니는 기술이 계속 업데이트되고 있고, 사용자 입력을 이해하고 해석하는 능력이 점점 높아지고 있기 때문에 미드저니의 비즈니스 활용 가치는 크고 다양하다.

참고문헌

Barreto, M.(2024). *The Midjourney Expedition*. Packt Publishing.

Midjourney Documentation.
https://docs.midjourney.com/docs/prompts-2

미드저니 프롬프트

1. 이벤트 기획(Event planning) 예시

/imagine prompt moodboard for a summer garden wedding, featuring pastel colors, floral arrangements, and elegant outdoor settings

(번역: 여름 정원 결혼식을 위한 무드보드, 파스텔 색상, 꽃꽂이, 우아한 야외 세팅)

2. 비즈니스 로고(Business logo) 예시

/imagine prompt vegan restaurant logo with a leafy floral background, in the style of hand-drawn elements, simple, colorful illustrations, elaborate fruit arrangements, soft color palettes, flat composition, minimal graphic vector logo for a vegan food plant-based restaurant, flat vector art, logo vector, outlines, plain white background

(번역: 잎이 많은 꽃 배경이 있는 비건 레스토랑 로고, 손으로 그린 요소 스타일, 단순하고 다채로운 일러스트, 정교한 과일 배열, 부드러운 색상 팔레트, 플랫 구성, 비건 음식 식물성 레스토랑을 위한 최소한의 그래픽 벡터 로고, 플랫 벡터 아트, 로고 벡터, 윤곽선, 단순한 흰색 배경)

3. 건축 스타일(Architectural style) 예시

/imagine prompt a house design in a thin line, in the style of bold outlines, flat colors, naive style, minimalist illustrator, light gray and bronze, light yellow and emerald, 35mm lens, meticulous design, white background

(번역: 얇은 선으로 된 주택 디자인, 굵은 윤곽선, 플랫 색상, 나이브 스타일, 미니멀리스트 일러스트레이터, 밝은 회색과 청동, 밝은 노란색과 에메랄드, 35mm 렌즈, 세심한 디자인, 흰색 배경)

4. 제품 사진(Product photography) 예시

/imagine prompt delicious beetroot burger with lettuce on a white background, in the style of studio food photography

(번역: 흰색 배경에 양상추와 함께 맛있는 비트 버거, 스튜디오 음식 사진 스타일)

5. 제품 모형(Product mockup) 예시

/imagine prompt mockup empty, a blank white billboard in the middle of the highway, high-speed Photography of city traffic lights

(번역: 비어 있는 모형, 고속도로 한가운데에 있는 빈 흰색 광고판, 도시 교통 신호등의 고속 사진)

06
멀티모달로 진화하는 생성 AI

멀티모달 AI는 텍스트, 이미지, 음성, 영상 등 다양한 형태의 데이터를 동시에 처리하며 새로운 가능성을 열어 가고 있다. 이러한 기술은 단순한 데이터 분석을 넘어서 사람의 복잡한 의사소통 방식을 모방하고 이해하는 데 큰 역할을 한다. 멀티모달 AI의 장점과 이를 비즈니스에 적용하는 다양한 사례를 알아본다. 그리고 기업이 어떻게 이 멀티도달 기술을 도입해 경쟁력을 강화할 수 있는지에 대해서 살펴본다.

멀티모달 AI의 기본 개념과 특징

멀티모달 AI는 텍스트, 이미지, 음성, 영상 등 다양한 형태의 데이터를 동시에 처리하고 이해할 수 있는 인공지능 시스템을 의미한다. '멀티모달(Multimodal)'이라는 용어는 '다중 모드'를 뜻하며, 여기서 모드는 텍스트, 이미지, 음성, 영상 등 다양한 데이터 유형을 가리킨다. 전통적인 AI 시스템은 주로 단일 모드의 데이터를 처리하는 데 중점을 두었지만, 멀티모달 AI는 이와 달리 여러 형태의 데이터를 통합해 보다 풍부하고 정확한 정보를 제공할 수 있다.

멀티모달 AI의 기본 개념은 인간의 인지 능력에서 영감을 받았다. 인간은 시각, 청각, 촉각 등 여러 감각을 통해 세상을 이해하고 상호작용한다. 예를 들어, 우리는 누군가의 말을 들으면서 동시에 그 사람의 표정을 보고, 주변 환경을 인식하며, 이를 종합적으로 판단한다. 멀티모달 AI는 이러한 인간의 인지 과정을 모방해 다양한 데이터 소스를 통합하고 분석함으로써 보다 정교한 의사결정을 지원한다.

멀티모달 AI의 주요 특징 중 하나는 데이터 융합(Data Fusion)이다. 이는 서로 다른 모드의 데이터를 결합해 하나의 통합된 정보를 생성하는 과정이다. 예를 들어,

텍스트와 이미지를 결합해 보다 정확한 문맥을 이해하거나, 음성과 영상을 결합해 감정 분석을 수행할 수 있다. 데이터 융합은 단일 모드의 데이터만으로는 얻을 수 없는 추가적인 정보를 제공하며, 이를 통해 AI 시스템의 성능을 크게 향상시킬 수 있다.

또 다른 특징은 상호 보완성(Complementarity)이다. 각 데이터 모드는 고유한 장점과 한계를 가지고 있다. 예를 들어 텍스트 데이터는 구체적인 정보를 제공하지만, 감정이나 분위기를 전달하는 데는 한계가 있다. 반면 이미지나 영상 데이터는 시각적인 정보를 제공하지만, 구체적인 텍스트 정보를 전달하는 데는 한계가 있다. 멀티모달 AI는 이러한 상호 보완적인 특성을 활용해 각 모드의 장점을 극대화하고 단점을 보완한다.

멀티모달 AI의 또 다른 특징은 상호작용성(Interactivity)이다. 이는 AI 시스템이 사용자와 보다 자연스럽고 직관적으로 상호작용할 수 있도록 한다. 예를 들어 사용자가 음성 명령을 내리면 AI 시스템은 이를 텍스트로 변환하고, 관련 이미지를 검색해 화면에 표시할 수 있다. 이러한 상호작용성은 사용자 경험을 크게 향상시키며 AI 시스템의 활용 범위를 넓힐 수 있다.

결론적으로, 멀티모달 AI는 다양한 형태의 데이터를

통합하고 분석함으로써 더욱 정교하고 풍부한 정보를 제공할 수 있는 강력한 도구다. 이는 단일 모드의 데이터만으로는 얻을 수 없는 추가적인 인사이트를 제공하며, 다양한 산업 분야에서 혁신적인 응용 사례를 만들어 내고 있다. 멀티모달 AI의 발전은 앞으로도 계속될 것이며, 이는 AI 기술의 새로운 가능성을 열어 줄 것이다.

멀티모달 AI의 비즈니스 적용 사례

멀티모달 AI 기술은 단일 모달 AI보다 훨씬 더 복잡하고 강력한 기능을 제공하며, 다양한 비즈니스 분야에서 혁신적인 변화를 이끌어 내고 있다. 멀티모달 AI가 실제로 비즈니스에 어떻게 적용되고 있는지 구체적인 사례를 통해 살펴보자.

헬스케어

헬스케어 분야에서 멀티모달 AI는 진단과 치료의 정확성을 높이는 데 큰 기여를 하고 있다. 예를 들어, 의료 영상(CT, MRI 등)과 환자의 전자 건강 기록(EHR)을 동시에 분석해 더 정확한 진단을 내릴 수 있다. 또한 환자의 음성 데이터를 분석해 심리 상태를 파악하거나, 텍스트 데이터를 통해 환자의 병력을 종합적으로 이해하는 데 도움을 준다. 이러한 통합적인 접근은 의료진이 보다 신속하고 정확한 결정을 내리는 데 큰 도움이 된다.

소매업

소매업에서는 멀티모달 AI를 활용해 고객 경험을 극대화하고 있다. 예를 들어, 온라인 쇼핑몰에서는 텍스트 리뷰와 이미지 리뷰를 동시에 분석해 제품에 대한 종합적인 피드백을 얻을 수 있다. 또한, 고객의 음성 명령을 인식해 원하는 제품을 추천하거나, 영상 데이터를 분석해 매장 내 고객의 행동 패턴을 파악하는 데 사용된다. 이러한 데이터 통합은 고객 맞춤형 마케팅 전략을 수립하는 데 중요한 역할을 한다.

금융 서비스

금융 서비스 분야에서도 멀티모달 AI는 다양한 데이터를 통합해 더 나은 서비스를 제공한다. 예를 들어 고객의 음성 데이터를 분석해 상담원의 응대 품질을 평가하거나, 텍스트 데이터를 통해 고객의 금융 상태를 종합적으로 파악할 수 있다. 또한 이미지 데이터를 활용해 신분증 진위 여부를 확인하거나, 영상 데이터를 통해 ATM 사용자의 행동을 모니터링하는 등 보안 강화에도 기여한다.

제조업

제조업에서는 멀티모달 AI를 통해 생산 공정을 최적화하고 있다. 예를 들어 공장 내 CCTV 영상과 센서 데이터를 동시에 분석해 기계의 이상 징후를 조기에 발견할 수 있다. 또한 작업자의 음성 명령을 인식해 기계를 제어하거나 텍스트 데이터를 통해 작업 지침을 자동으로 생성하는 등 다양한 방식으로 활용되고 있다. 이러한 통합적인 접근은 생산 효율성을 높이고, 불량률을 줄이는 데 큰 도움이 된다.

교육

교육 분야에서도 멀티모달 AI는 혁신적인 변화를 가져오고 있다. 예를 들어 학생의 텍스트 작성 능력과 음성 발표 능력을 동시에 평가해 종합적인 피드백을 제공할 수 있다. 또한 영상 데이터를 분석해 학생의 수업 참여도를 파악하거나, 이미지 데이터를 통해 학생의 필기 내용을 자동으로 디지털화하는 등 다양한 방식으로 활용되고 있다. 이러한 기술은 교육의 질을 높이고 학생 개개인에 맞춘 맞춤형 교육을 제공하는 데 중요한 역할을 한다.

엔터테인먼트

엔터테인먼트 분야에서도 멀티모달 AI는 다양한 방식으로 활용되고 있다. 예를 들어, 영화나 드라마의 텍스트 대본과 영상 데이터를 동시에 분석해 자동으로 자막을 생성하거나, 음성 데이터를 통해 배우의 감정 상태를 파악하는 데 사용된다. 또한, 게임에서는 텍스트, 이미지, 음성 데이터를 통합해 더욱 현실감 있는 캐릭터를 생성하거나 사용자 경험을 극대화하는 데 기여하고 있다.

이처럼 멀티모달 AI는 다양한 비즈니스 분야에서 혁신적인 변화를 이끌어 내고 있으며, 앞으로도 그 활용 범위는 더욱 확대될 것으로 기대된다.

멀티모달 AI 도입시 고려사항과 전략

멀티모달 AI 기술은 기업의 운영 효율성을 극대화하고, 새로운 비즈니스 기회를 창출하는 데 중요한 역할을 할 수 있다. 그러나 멀티모달 AI를 도입할 때는 여러 가지 고려 사항이 있고 그에 따른 전략이 필요하다. 멀티모달 AI 도입 시 고려해야 할 주요 요소와 성공적인 도입을 위한 전략을 살펴보자.

멀티모달 AI 도입 시 고려해야 할 주요 요소

(1) 데이터 품질과 다양성

멀티모달 AI의 성능은 데이터의 품질과 다양성에 크게 의존한다. 텍스트, 이미지, 음성, 영상 등 다양한 형태의 데이터를 수집하고, 이를 일관성 있게 정제하는 과정이 필요하다. 데이터의 품질이 낮거나 편향된 경우, AI 모델의 성능이 저하될 수 있다. 따라서 데이터 수집 단계에서부터 철저한 검증과 정제 과정을 거쳐야 한다.

(2) 기술 인프라와 도구

멀티모달 AI를 효과적으로 구현하기 위해서는 고성능 컴퓨팅 자원과 적절한 도구가 필요하다. GPU나 TPU와 같은 고성능 하드웨어는 대규모 데이터를 처리하고 복잡한 모델을 학습시키는 데 필수적이다. 또한 텐서플로(TensorFlow), 파이토치(PyTorch) 등 멀티모달 AI를 지원하는 프레임워크를 활용해 모델을 개발하고 배포할 수 있다. 이러한 기술 인프라와 도구를 적절히 활용하는 것이 중요하다.

(3) 인력과 전문성

멀티모달 AI는 다양한 분야의 전문 지식을 요구한다. 일반적으로 데이터 과학자, 머신러닝 엔지니어, 도메인 전문가 등이 협력해 프로젝트를 진행해야 한다. 특히,

멀티모달 데이터를 다루는 경험이 있는 인력을 확보하는 것이 필요하다. 이를 위해 내부 인력을 육성하거나 외부 전문가를 영입하는 전략을 고려할 수 있다.

(4) 윤리적 고려 사항

멀티모달 AI는 개인정보 보호, 데이터 편향, 투명성 등 여러 윤리적 문제를 동반할 수 있다. 예를 들어 얼굴 인식 기술을 활용한 멀티모달 AI는 개인정보 침해의 위험이 있다. 따라서 AI 도입 초기 단계에서부터 윤리적 고려 사항을 철저히 검토하고, 이를 준수하는 정책을 마련해야 한다.

(5) 비즈니스 목표와 ROI

멀티모달 AI 도입의 궁극적인 목표는 비즈니스 가치를 창출하는 것이다. 따라서 AI 도입 전, 명확한 비즈니스 목표를 설정하고, 이를 달성하기 위한 구체적인 계획을 수립해야 한다. 또, 투자 대비 수익(ROI)을 지속적으로 모니터링하고, 필요 시 전략을 조정할수 있다.

성공적인 도입을 위한 전략

(1) 파일럿 프로젝트 실행

멀티모달 AI 도입 초기에는 파일럿 프로젝트를 통해 기술의 가능성과 한계를 검증하는 것이 좋다. 작은 규모의 프로젝트를 통해 초기 문제점을 파악하고, 이를 해결하는 과정을 거치면서 점진적으로 확장해 나가는 전략이 효과적이다.

(2) 협력과 파트너십

멀티모달 AI는 복잡한 기술이므로, 외부 전문가나 기술 파트너와의 협력이 필요하다. AI 전문 기업이나 연구기관과의 파트너십을 통해 최신 기술을 도입하고, 내부 역량을 강화한다.

(3) 지속적인 학습과 개선

AI 기술은 빠르게 발전하고 있다. 따라서 멀티모달 AI 도입 후에도 지속적인 학습과 개선이 필요하다. 최신 기술 동향을 파악하고, 이를 신속히 도입하는 것이 경쟁력을 유지하는 데 중요하다.

멀티모달 AI의 성공적인 도입을 위해서는 여러 고려사항과 전략, 자원이 필요하다. 비용과 시간, 인력 등 투자가 필요하기 때문에 멀티모달 AI의 개념을 잘 이해하고, 실제 비즈니스 적용 사례를 알아보고 실행하는 것이 중요하다. 오픈AI에서 GPT-4o를 발표했는데, 여기에 약간의 멀티모달 기능이 탑재되어 있다. GPT-4o의 "o"는 라틴어로 "모든"을 뜻하는 "omni"를 나타낸다. GPT-4o

는 텍스트, 음성, 이미지 입력의 모든 조합을 허용하고, 출력에서도 모든 조합을 가능하게 한다. 그래서 오픈AI의 GPT-4o 또는 구글의 제미나이(Gemini)를 통해 멀티모달 AI의 기능과 잠재력을 체험해 볼 수 있다.

참고문헌

멀티모달 AI.
https://cloud.google.com/use-cases/multimodal-ai?hl=ko

테코피디아. 멀티모달 AI(Multimodal AI)란?.
https://blog.naver.com/techopedia/223389973190

Alto, V.(2024). *Building LLM Powered Applications.* Packt Publishing.

Yildirim, S., & Asgari-Chenaghlu, M.(2024). *Mastering Transformers.* Packt Publishing.

챗GPT 프롬프트

1. 우리 기업의 현재 비즈니스 모델에서 멀티모달 AI가 제공할 수 있는 가장 큰 가치는 무엇인가?

2. 멀티모달 AI를 효과적으로 도입하기 위해서 필요한 기술적 인프라와 자원은 무엇인가?

3. 우리 업계에서 멀티모달 AI를 성공적으로 도입한 사례는 무엇이며, 그로 인해 얻은 비즈니스 성과는 무엇인가?

4. 멀티모달 AI 도입 시 발생할 수 있는 주요 리스크는 무엇이며, 이를 관리하기 위한 전략은 무엇인가?

5. 멀티모달 AI 도입을 위해 필요한 인재와 역량은 무엇이며, 이를 확보하기 위한 전략은 무엇인가?

07
생성 AI 실행을 위한 프레임워크

비즈니스 환경에서 생성 AI를 성공적으로 구현하기 위해서는 체계적이고 명확한 프레임워크가 필수적이다. 생성 AI를 효과적으로 활용하기 위한 세 가지 프레임워크를 소개하고, 각 프레임워크가 비즈니스에 어떻게 적용될 수 있는지 알아본다. 기업의 상황과 비즈니스의 목적에 맞는 프레임워크를 선택하고, 이를 통해 AI 에이전트(AI Agent)를 활용할 수 있다.

프레임워크 랭체인: 데이터 연결과 통합의 혁신

현대 비즈니스 환경에서 데이터는 기업의 가장 중요한 자산 중 하나로 자리 잡았다. 데이터의 양이 기하급수적으로 증가함에 따라, 이를 효과적으로 관리하고 활용하는 능력은 기업의 경쟁력을 좌우하는 핵심 요소가 되었다. 특히, 생성 AI의 도입은 데이터 활용의 새로운 가능성을 열어 주고 있다. 생성 AI 실행을 위한 프레임워크 중 하나인 랭체인(Langchain)에 대해 다루고자 한다. 랭체인은 데이터 연결과 통합의 혁신을 통해 기업이 생성 AI를 효과적으로 활용할 수 있도록 돕는 도구다.

랭체인의 개요

랭체인은 거대언어모델을 기반으로 하는 애플리케이션을 개발하기 위한 프레임워크다. 특히 데이터 연결과 통합을 위한 프레임워크로서, 다양한 데이터 소스와 시스템을 하나의 통합된 플랫폼에서 관리할 수 있게 해 준다. 이는 데이터의 분산 문제를 해결하고, 데이터 간의 상호작용을 원활하게 해 더 나은 인사이트를 도출할 수 있도록 한다. 랭체인은 특히 생성 AI와 결합을 통해 데이터의 가치를 극대화할 수 있는 환경을 제공한다.

랭체인의 가장 큰 강점 중 하나는 다양한 데이터 소스를 연결하는 능력이다. 기업은 보통 여러 시스템과 데이터베이스를 운영하며, 이들 간의 데이터 통합은 매우 복잡한 작업이 될 수 있다. 랭체인은 이러한 문제를 해결하기 위해 설계되었다. 예를 들어, ERP 시스템, CRM 시스템, 그리고 외부 데이터 소스(예: 소셜 미디어, 공공 데이터베이스) 등을 랭체인을 통해 하나의 플랫폼에서 통합 관리할 수 있다. 이를 통해 데이터의 일관성을 유지하고, 중복 데이터를 제거하며, 데이터 간의 상호작용을 최적화할 수 있다.

데이터 연결 및 통합의 혁신

랭체인은 단순히 데이터를 연결하는 것에 그치지 않고, 데이터 통합의 혁신을 이끌어 낸다. 데이터 통합은 데이터의 일관성, 정확성, 그리고 접근성을 보장하는 데 필수적이다. 랭체인은 다양한 데이터 소스에서 수집된 데이터를 표준화하고, 이를 하나의 통합된 데이터 모델로 변환한다. 이를 통해 기업은 데이터의 품질을 높이고, 데이터 분석 및 생성 AI 모델 학습에 필요한 데이터를 신속하게 제공할 수 있다.

랭체인의 데이터 연결 및 통합 기능은 생성 AI와 결합

될 때 그 진가를 발휘한다. 생성 AI는 대량의 데이터를 학습하여 새로운 인사이트를 도출하고, 예측 모델을 생성하며, 자동화된 의사 결정을 지원한다. 랭체인은 생성 AI가 필요한 데이터를 신속하고 정확하게 제공함으로써, 생성 AI의 성능을 극대화할 수 있다. 예를 들어, 고객 행동 데이터를 실시간으로 분석해 맞춤형 마케팅 전략을 수립하거나, 공급망 데이터를 통합해 효율적인 재고 관리를 구현할 수 있다.

글로벌 제조업체 지멘스(Siemens)는 랭체인을 도입해 생산 라인의 데이터를 실시간으로 통합 관리하고, 이를 기반으로 생성 AI를 활용한 예측 유지보수 시스템을 구축했다. 이를 통해 기계 고장을 사전에 예측하고, 유지보수 비용을 절감하며, 생산성을 향상시킬 수 있었다.

또 랭체인 프레임워크의 큰 특징 중 하나는 기업의 특정 요구 사항에 맞춘 맞춤형 솔루션을 제공하는 것이다. 각 기업의 비즈니스 모델과 목표에 따라 최적화된 생성 AI 솔루션을 설계하고 구현할 수 있다. 예를 들어, 고객 서비스 개선을 위한 챗봇, 마케팅 캠페인 자동화를 위한 콘텐츠 생성, 내부 프로세스 효율화를 위한 자동 보고서 생성 등 다양한 응용 프로그램을 개발할 수 있다.

랭체인은 생성 AI 기술을 비즈니스 환경에 효과적으

로 적용하기 위한 종합적인 프레임워크다. 다양한 언어 모델과 데이터 소스를 통합하고, 사용자 친화적인 인터페이스와 맞춤형 솔루션을 제공한다. 그래서 랭체인을 통해 생성 AI의 잠재력을 최대한 활용해 비즈니스 성과를 극대화할 수 있다.

프레임워크 크루AI: 협업과 자동화의 새로운 패러다임

디지털 혁신의 시대에 기업들은 효율성과 생산성을 극대화하기 위해 다양한 도구와 기술을 도입하고 있다. 그 중에서도 생성 AI는 기업 운영의 방식을 근본적으로 변화시키고 있다. 생성 AI를 활용한 협업과 자동화의 새로운 패러다임을 제시하는 프레임워크인 크루AI(CrewAI)에 대해서 살펴보자.

크루AI의 개요

크루AI는 협업과 자동화를 통합해 기업의 운영 효율성을 높이는 최신 프레임워크다. 크루AI의 크루(Crew)는 어떤 작업을 수행하는 에이전트(Agent)의 협업 그룹을 말한다. 이 프레임워크는 인공지능과 머신러닝 기술, 특히 AI 에이전트를 활용해 팀 간의 협업을 촉진하고, 반복적인 업무를 자동화함으로써 직원들이 더 창의적이고 전략적인 업무에 집중할 수 있도록 한다. 크루AI는 다음과 같은 주요 기능을 제공한다.

(1) 협업 강화: 크루AI는 팀원 간의 실시간 커뮤니케이션과 협업을 지원하는 다양한 도구를 제공한다. 예를 들어, 자연어 처리 기술을 활용한 실시간 번역 기능, 음성 인식 및 텍스트 변환 기능 등을 제공한다. 이를 통해 팀원들은 프로젝트 진행 상황을 실시간으로 공유하고, 문제 해결을 위한 아이디어를 신속하게 교환할 수 있다.

(2) 자동화: 반복적이고 시간이 많이 소요되는 업무를 자동화해 직원들이 더 중요한 업무에 집중할 수 있도록 한다. 예를 들어, 데이터 입력, 보고서 작성, 일정 관리 등의 업무를 자동화할 수 있다.

(3) 데이터 분석: 크루AI는 대량의 데이터를 실시간으로 분석해 유의미한 인사이트를 도출한다. 예를 들어, 판매 데이터 분석을 통해 제품의 수요를 예측하고, 재고 관리를 최적화할 수 있다. 이를 통해 CEO는 더 나은 의사 결정을 내릴 수 있으며, 시장 변화에 신속하게 대응할 수 있다.

(4) 맞춤형 솔루션: 각 기업의 특성과 요구에 맞춘 맞

춤형 솔루션을 제공한다. 이를 통해 기업은 자신만의 독특한 운영 방식을 유지하면서도 효율성을 극대화할 수 있다.

크루AI 도입의 기대

크루AI를 도입함으로써 기업은 다음과 같은 기대 효과를 얻을 수 있다.

(1) 생산성 향상: 반복적인 업무를 자동화함으로써 인건비와 운영 비용을 절감할 수 있고, 직원들이 더 중요한 업무에 집중할 수 있게 되어 생산성이 향상된다.

(2) 의사 결정의 신속성: 실시간 데이터 분석을 통해 CEO는 더 빠르고 정확한 의사 결정을 내릴 수 있다.

(3) 협업 강화: AI 기반 협업 도구를 통해 팀원 간의 소통이 원활해지고, 협업이 강화된다.

크루AI는 생성 AI를 활용한 협업과 자동화에 좀더 특화되어 있는 프레임워크다. 이를 통해 기업은 운영 효율성을 극대화하고, 더 나은 의사 결정을 내릴 수 있으며, 직원들은 더 창의적이고 전략적인 업무에 집중할 수 있다. 단점은 아직 활용 사례가 많지 않다는 것이다.

프레임워크 오토젠: 자동화된 AI 모델 생성과 최적화

최근 생성 AI는 텍스트, 이미지, 음악, 영상 등 다양한 콘텐츠를 자동으로 생성할 수 있는 능력으로 주목받고 있다. 그러나 이러한 AI 모델을 구축하고 최적화하는 과정은 여전히 복잡하고 시간 소모적이다. 이 문제를 해결하기 위해 마이크로소프트는 오토젠(AutoGen)이라는 프레임워크를 개발했다. 오토젠은 자동화된 AI 모델 생성과 최적화를 통해 기업이 더 빠르고 효율적으로 AI 솔루션을 구현할 수 있도록 돕는다.

오토젠의 개요

오토젠은 자동화된 AI 시스템의 개발 및 배포를 용이하게 하도록 설계된 AI 프레임워크다. 텍스트 생성, 데이터 분석, 지능형 워크플로 생성과 같은 작업을 간소화하는 도구를 제공한다. 또 오픈AI의 모델을 포함한 다양한 AI 모델과 원활하게 통합되어 자연어 처리 및 기계 학습을 위한 강력한 기능을 제공한다.

오토젠의 주요 기능을 살펴보면, 첫째, 오토젠은 데이터 준비 단계에서부터 모델 학습, 평가, 배포까지의 전 과정을 자동화한다. 이를 통해 개발자는 반복적이고 시간이 많이 소요되는 작업에서 벗어나 더 창의적이고 전략적인 업무에 집중할 수 있다.

둘째, 오토젠은 다양한 AI 모델을 자동으로 생성하고 비교할 수 있는 기능을 제공한다. 이 기능은 사용자가 최적의 모델을 선택하는 데 도움을 준다. 예를 들어, 텍스트 생성 모델을 구축할 때 오토젠은 여러 가지 알고리즘과 하이퍼파라미터 설정을 자동으로 시도해 가장 성능이 좋은 모델을 찾아낸다.

셋째, 오토젠은 모델 최적화 기능을 통해 성능을 극대화한다. 이 과정에서 오토젠은 모델의 정확도, 속도, 메모리 사용량 등을 종합적으로 고려해 최적의 설정을 자동으로 찾아낸다. 이를 통해 기업은 더 나은 성능의 AI 모델을 더 빠르게 구현할 수 있다.

오토젠은 기본적으로 AI 모델 생성과 최적화를 자동화해서 다양한 산업 분야에서 활용될 수 있다. 예를 들어, 금융 분야에서는 고객의 거래 데이터를 분석해 맞춤형 금융 상품을 추천하는 AI 모델을 자동으로 생성할 수 있다. 의료 분야에서는 환자의 진료 기록을 분석해 질병 예측 모델을 구축하는 데 활용될 수 있다. 또한, 마케팅 분야에서는 고객의 구매 패턴을 분석해 개인화된 마케팅 전략을 수립하는 데 도움을 줄 수 있다.

오토젠의 장점

오토젠의 가장 큰 장점은 시간과 비용 절감이다. 전통적인 AI 모델 개발 과정은 많은 시간과 인력을 필요로 한다. 그러나 오토젠을 사용하면 이러한 과정을 자동화해 개발 시간을 크게 단축할 수 있다. 또 자동화된 프로세스를 통해 인적 오류를 최소화할 수 있어 더 높은 품질의 AI 모델을 구현할 수 있다.

그리고 오토젠은 사용자의 기술 수준에 관계없이 쉽게 사용할 수 있도록 설계되었다. 이는 AI 기술에 익숙하지 않은 사용자도 쉽게 AI 모델을 생성하고 최적화할 수 있음을 의미한다. 따라서 중소기업이나 스타트업도 오토젠을 통해 AI 기술을 손쉽게 도입할 수 있다.

정리하면, 오토젠 프레임워크는 자동화된 AI 모델 생성과 최적화를 통해 기업이 AI 기술을 보다 쉽게 활용할 수 있도록 돕는 강력한 도구다. 이를 통해 기업은 시간과 비용을 절감하고, 높은 성능의 AI 솔루션을 빠르게 구현할 수 있다. 또한 사용자의 기술 수준에 관계없이 쉽게 사용할 수 있어 AI 기술의 대중화를 촉진할 수 있다.

여러 가지 생성 AI 프레임워크 중에서 지금까지 세 가지 프레임워크(랭체인, 크루AI, 오토젠)를 알아보았다. 정교한 작업이나 전문화된 목적으로 생성 AI를 활용하고 싶다면 랭체인 프레임워크를 사용하고, 쉽고 빠르게 사용하고 싶다면 오토젠 프레임워크를 사용해보는 것을 추천한다.

한 가지 알아두어야 할 것은, 이 세 가지 프레임워크는 AI 에이전트 기능을 가지고 있다는 점이다.

AI 에이전트는 사용자의 의도를 이해하고 자율적으로 특정 작업을 수행할 수 있는 소프트웨어 프로그램이다. 즉 사용자의 명령을 이해하고, 학습하며, 환경과 상호작용해 목표를 달성한다. AI 에이전트는 다양한 형태로 존재할 수 있으며, 챗봇, 가상 비서, 고객 서비스, 로봇 공학, 자율주행 등 여러 분야에서 활용된다. 에이전트를 사용하면 생산성 향상, 비용 절감, 고객 경험 개선 등 여러 이점이 있다.

기업의 상황과 비즈니스 목적에 맞는 프레임워크를 선택해서 AI 에이전트를 활용할 수 있다.

참고문헌

Auffarth, B.(2023). *Generative AI with LangChain: Build large language model (LLM) apps with Python, chatGPT, and other LLMs.* Packt Publishing.

CrewAI Documentation, https://docs.crewai.com/

Gupta, M.(2024). *LangChain in your Pocket*. Independently Published.

Introduction to AutoGen, https://microsoft.github.io/autogen/docs/tutorial/introduction/

LangChain Tutorial, https://python.langchain.com/v0.2/docs/tutorials/

챗GPT 프롬프트

1. 우리 회사의 다양한 데이터 소스(예: CRM, ERP, 웹사이트 트래픽 데이터)를 랭체인을 사용해 통합하고 분석할 수 있는 방법을 제안해 주세요.

2. 랭체인을 활용해 고객 데이터를 실시간으로 분석하고, 이를 통해 맞춤형 마케팅 전략을 수립하는 방법을 설명해 주세요.

3. 크루AI를 사용해 우리 팀의 프로젝트 관리와 협업을 최적화할 수 있는 방법을 제안해 주세요.

4. 오토젠을 통해 AI 기술을 도입해서 업무 혁신과 생산성 향상을 달성하기 위한 방안을 설명해 주세요.

5. 오토젠을 사용해 우리 비즈니스에 맞는 맞춤형 AI 모델을 자동으로 생성하고 최적화하는 방법을 단계별로 설명해 주세요. 특히, 고객 서비스 개선에 초점을 맞춰 주세요.

08
맞춤형 생성 AI를 위한 미세조정

현재의 비즈니스 환경에서 경쟁력을 유지하기 위해서는 일반적인 AI 솔루션을 넘어서 특정 비즈니스 목표에 맞춘 맞춤형 AI가 필요하다. 그 중 생성 AI 모델을 비즈니스 요구에 맞게 미세조정하는 방법과 그 중요성을 다룬다. 또, 성공적인 미세조정 사례와 이를 통해 얻을 수 있는 비즈니스 이점을 살펴본다. 맞춤형 생성 AI는 단순한 기술적 도구를 넘어 기업의 전략적 자산으로 자리잡을 수 있다.

맞춤형 생성 AI를 위한 미세조정의 개요와 필요성

생성 AI는 대규모 데이터셋을 기반으로 학습되며, 일반적인 AI 용도로는 매우 유용하다. 하지만 특정 기업의 요구 사항이나 특수한 업무에 맞추기 위해서는 AI 모델에 추가적인 미세조정(Fine-Tuning)이 필요하다. 맞춤형 생성 AI를 위한 미세조정의 개요와 그 필요성에 대해 살펴보자.

미세조정의 개요

미세조정은 이미 학습된 대규모 AI 모델을 특정한 목적이나 도메인에 맞게 추가로 학습시키는 과정이다. 이는 기존 모델이 가진 일반적인 지식을 바탕으로 특정한 데이터셋을 통해 더욱 정밀하고 특화된 성능을 발휘하도록 하는 것이다. 예를 들어 GPT-4와 같은 거대 언어 모델은 일반적인 텍스트 생성에 매우 뛰어나지만, 특정 산업 분야의 전문 용어와 맥락을 이해하고 생성하는 데는 한계가 있을 수 있다. 이때, 해당 산업의 데이터로 AI 모델을 미세조정하면 보다 정확하고 유용한 결과를 얻을 수 있다.

미세조정의 필요성

(1) 도메인 특화 지식 반영: 일반적인 생성 AI 모델은 다양한 분야의 데이터를 학습해 광범위한 지식을 가지고 있지만, 특정 도메인에 특화된 지식은 부족할 수 있다. 예를 들어 의료 분야에서 사용되는 생성 AI는 일반적인 언어 모델로는 충분하지 않으며, 의료 용어와 문맥, 지식을 정확히 이해하고 생성하기 위해서는 해당 분야의 데이터로 미세조정이 필요하다.

(2) 기업 맞춤형 솔루션 제공: 각 기업은 기업마다 고유한 비즈니스 모델과 운영 방식을 가지고 있다. 생성 AI를 기업의 특정 요구 사항에 맞추기 위해서는 해당 기업의 데이터와 업무 프로세스, 상황을 반영한 미세조정이 필수적이다. 이를 통해 생성 AI는 기업의 내부 문서 작성, 고객 응대, 마케팅 콘텐츠 생성 등 다양한 업무에서 더욱 효과적으로 활용될 수 있다.

(3) 정확도와 신뢰성 향상: 미세조정을 통해 생성 AI 모델의 정확도와 신뢰성을 높일 수 있다. 일반적인 AI 모델은 다양한 상황에서 평균적인 성능을 보이지만, 특정 도메인에서는 높은 정확도와 신뢰성이 요구된다. 예를 들어 법률 문서 작성이나 금융 보고서 생성과 같은 작업에서는 작은 오류도 큰 문제를 초래할 수 있으므로, 미

세조정을 통해 AI 모델의 성능을 최적화하는 것이 중요하다.

(4) 사용자 경험 개선: 맞춤형 생성 AI는 사용자 경험을 크게 개선할 수 있다. 사용자가 필요로 하는 정보나 콘텐츠를 보다 정확하고 신속하게 제공함으로써 사용자 만족도를 높이고 업무 효율성을 증대시킬 수 있다. 예를 들어 고객 서비스 챗봇의 경우 고객의 질문에 더욱 정확하고 관련성 높은 답변을 제공함으로써 고객 만족도를 높일 수 있다.

(5) 경쟁력 강화: 맞춤형 생성 AI를 통해 기업은 경쟁력을 강화할 수 있다. 다른 기업들이 일반적인 생성 AI를 사용할 때, 우리 기업은 미세조정을 통해 특화된 AI 솔루션을 제공함으로써 차별화된 경쟁 우위를 확보할 수 있다. 이는 고객에게 더 나은 서비스를 제공하고, 시장에서의 입지를 강화하는 데 중요한 역할을 한다.

결론적으로, 맞춤형 생성 AI를 위한 미세조정은 특정 도메인에 특화된 지식과 요구 사항을 반영해 AI 모델의 성능을 최적화하는 과정이다. 이를 통해 기업은 더욱 정확하고 신뢰성 높은 AI 솔루션을 구현할 수 있으며, 사용자 경험을 개선하고 경쟁력을 강화할 수 있다. 따라서 생성 AI를 효과적으로 활용하기 위해서는 미세조정의 중요성을 인식하고, 미세조정을 검토하는 것이 필요하다.

비즈니스 목표에 맞춰 생성 AI 모델을 미세조정하는 방법

비즈니스 목표에 맞춰 생성 AI 모델을 미세조정하는 것은 단순히 기술적인 성능을 향상시키는 것을 넘어서 기업의 전략적 목표를 달성하는 데 중요한 역할을 한다. 미세조정을 하기 위해서는 명확한 목표 설정, 데이터 준비, 모델 선택, 모델 학습, 성능 평가 및 지속적인 개선이 필요하다. 이러한 과정을 단계별로 알아보자.

명확한 비즈니스 목표 설정

첫 단계는 비즈니스 목표를 명확히 설정하는 것이다. 이는 생성 AI 모델이 해결하고자 하는 문제를 구체적으로 정의하는 것을 포함한다. 예를 들어 고객 서비스 개선, 마케팅 캠페인 최적화, 제품 추천 시스템 향상 등 다양한 목표가 있을 수 있다. 목표가 명확해야만 모델의 성능을 평가하고, 필요한 데이터를 준비하며, 적절한 미세조정 전략을 수립할 수 있다.

데이터 준비

비즈니스 목표에 맞는 데이터를 준비하는 것은 매우 중요하다. 데이터는 모델의 학습과 성능에 직접적인 영향을 미치기 때문에 고품질의 데이터를 수집하고 전처리하는 과정이 필요하다. 데이터는 가능한 한 다양하고, 실제 비즈니스 환경을 잘 반영해야 한다. 예를 들어, 고객 서비스 개선을 목표로 한다면, 다양한 고객 문의와 그에 대한 응답 데이터를 수집해야 한다. 데이터 전처리 과정에서는 중복 데이터 제거, 결측치 처리, 데이터 정규화 등을 수행한다.

모델 선택 및 학습

다음 단계는 비즈니스 목표에 적합한 생성 AI 모델을 선택하는 것이다. 다양한 생성 AI 모델이 존재하며, 각 AI 모델은 특정한 문제에 더 적합할 수 있다. 예를 들어, 텍스트 생성에는 GPT-4와 같은 언어 모델이, 이미지 생성에는 DALL-E 3 모델이, 음성 인식에는 Whisper 모델 등이 사용된다. 목표에 맞는 모델을 선택한 후에는 준비된 데이터 학습을 통해 기본 성능을 확인한다. 이 과정에서 학습 데이터의 품질과 양이 모델 성능에 큰 영향을 미치므로 충분한 데이터를 사용해 학습하는 것이 중요하다.

성능 평가 및 피드백

미세조정이 완료된 모델의 성능을 평가하는 단계다. 성능 평가는 비즈니스 목표에 맞는 지표를 사용해 수행한다. 예를 들어, 고객 서비스 개선을 목표로 한다면, 응답 정확도, 응답 시간, 고객 만족도 등의 지표를 사용할 수 있다. 성능 평가 결과를 바탕으로 AI 모델의 강점과 약점을 파악하고, 필요한 경우 추가적인 미세조정을 수행한다. 이때 지속적인 피드백 반복과 시행착오 과정을 통해 AI 모델의 성능을 개선할 수 있다. 더 나은 AI 모델을 만드는 데는 시간과 노력이 필요하다.

테스트 및 배포

최종적으로, 미세조정된 모델을 테스트한 후 실제 비즈니스 환경에 배포한다. 이 과정에서는 모델의 성능을 실시간으로 모니터링하고, 예상치 못한 문제를 신속히 해결할 수 있는 체계를 구축한다. 또한, 모델의 성능을 지속적으로 평가하고, 필요에 따라 추가적인 미세조정과 업데이트를 수행한다.

결론적으로, 비즈니스 목표에 맞춰 생성 AI 모델을 미세조정하는 것은 명확한 목표 설정, 데이터 준비, 모델 선택, 모델 학습, 성능 평가 및 피드백, 테스트 및 배포의 단계를 체계적으로 수행하는 것을 포함한다. 이를 통해 기업은 AI 모델을 효과적으로 활용해 비즈니스 목표를 달성할 수 있다.

미세조정된 AI 모델의 비즈니스 적용과 활용 사례

미세조정된 AI 모델은 다양한 비즈니스 분야에서 혁신적인 변화를 이끌어 내고 있다. 미세조정된 AI 모델이 실제 비즈니스 환경에서 어떻게 적용되고 있는지, 그리고 그로 인해 어떤 성과를 거두고 있는지 사례를 통해 살펴보자.

고객 서비스

고객 서비스는 AI 기술이 가장 활발하게 적용되고 있는 분야 중 하나다. 특히 챗봇과 가상 비서의 경우 미세조정된 AI 모델을 통해 고객의 요구에 더욱 정확하게 대응할 수 있다. 예를 들어 글로벌 전자상거래 기업 아마존은 자사의 고객 서비스 챗봇에 미세조정된 AI 모델을 도입했다. 이를 통해 고객의 문의를 보다 정확하게 이해하고, 맞춤형 답변을 제공함으로써 고객 만족도를 향상시켰다.

마케팅과 광고

마케팅과 광고 분야에서도 미세조정된 AI 모델은 큰 변화를 가져오고 있다. 예를 들어, 글로벌 패션 브랜드 타미 힐피거(Tommy Hilfiger)는 자사의 마케팅 캠페인에 AI 기반의 타기팅 기술을 도입했다. 이 기술은 고객의 구매 이력, 웹사이트 방문 기록, 소셜 미디어 활동 등을 분석해 개인화된 광고를 제공하는 데 사용된다. 미세조정된 AI 모델을 통해 고객의 선호도를 더욱 정확하게 예측하고, 그에 맞춘 맞춤형 광고를 제공함으로써 광고 효율성을 높였다.

금융 서비스

금융 서비스 분야에서도 미세조정된 AI 모델의 활용이 두드러진다. 예를 들어 글로벌 은행인 제이피모건(JP Morgan Chase)은 자사의 대출 심사 프로세스에 AI 기반의 신용 평가 모델을 도입했다. 이 모델은 고객의 금융 이력, 소득, 지출 패턴 등을 분석해 신용 점수를 산출한다. 미세조정된 AI 모델을 통해 신용 평가의 정확성을 높이고, 대출 승인 여부를 더 신속하게 결정할 수 있게 되었다.

제조와 물류

제조와 물류 분야에서도 미세조정된 AI 모델의 활용이 활발하다. 예를 들어 글로벌 자동차 제조업체 BMW는 자사의 생산 라인에 AI 기반의 품질 검사 시스템을 도입했다. 이 시스템은 생산된 부품의 결함을 실시간으로 감지하고, 이를 즉시 보고해 생산 공정을 최적화한다. 미세조정된 AI 모델을 통해 품질 검사 정확도를 높이고, 생산 효율성을 향상시켰다.

헬스케어

헬스케어 분야에서도 미세조정된 AI 모델의 활용이 주목받고 있다. 예를 들어, 글로벌 헬스케어 기업 GE헬스케어는 자사의 진단 시스템에 AI 기반 영상 분석 기술을 도입했다. 이 기술은 의료 영상을 분석해 질병을 조기에 발견하고, 진단의 정확성을 높이는 데 사용된다. 미세조정된 AI 모델을 통해 의료진의 진단 부담을 줄이고 환자 치료의 효율성을 향상시켰다.

이처럼 미세조정된 AI 모델은 다양한 비즈니스 분야에서 차별화된 변화를 이끌어 내고 있다. 각 기업은 자사의 특성과 요구에 맞춘 미세조정된 AI 모델을 도입함으로써 비즈니스 효율성을 높이고, 경쟁력을 강화할 수 있다. 앞으로도 미세조정된 AI 모델의 활용 범위는 더욱 확대될 것이다.

참고문헌

김준성, 브라이스 유, 안성준 지음(2023). 『진짜 챗GPT API 활용법』. 위키북스.

Martin Yanev 지음, 단무지 옮김(2024). 『챗GPT API를 사용하여 AI 애플리케이션 구축』. 홍릉.

Auffarth, B.(2023). *Generative AI with LangChain: Build large language model (LLM) apps with Python, chatGPT, and other LLMs*. Packt Publishing.

El Amri, A.(2024). *OpenAI GPT For Python Developers: The art and science of building AI-powered apps with GPT-4, Whisper, Weaviate, and beyond*. Independently published.

Fine-tuning. https://platform.openai.com/docs/guides/fine-tuning

챗GPT 프롬프트

1. 우리 회사의 주요 비즈니스 목표와 관련된 데이터를 기반으로 생성 AI 모델을 미세조정하는 방법을 설명해 주세요.

2. 우리 회사의 고객 서비스 개선을 위해 생성 AI 모델을 어떻게 미세조정할 수 있을까요? 구체적인 단계와 필요한 데이터를 포함해 주세요.

3. 마케팅 캠페인의 효율성을 높이기 위해 생성 AI 모델을 미세조정하는 방법을 설명해 주세요. 예시와 함께 구체적인 전략을 제시해 주세요.

4. 미세조정된 생성 AI 모델을 활용해 제품 추천 시스템을 개선한 성공 사례를 설명해 주세요. 적용된 방법과 얻어진 결과를 포함해 주세요.

5. 미세조정된 생성 AI 모델을 실제 비즈니스 상황에 적용할 때 고려해야 할 주요 요소는 무엇인가요? 예를 들어, 고객 서비스, 마케팅 캠페인, 제품 추천 시스템 등에서 어떻게 활용할 수 있을까요?

09
생성 AI를 더욱 빛나게 하는 API

생성 AI의 잠재력을 극대화하려면, 생성 AI를 다양한 비즈니스 애플리케이션에 원활하게 통합하는 것이 필수적이다. API는 이러한 통합을 가능하게 하는 강력한 도구다. API의 개념과 특징을 살펴보고, 비즈니스 사례를 통해 API가 어떻게 활용되고, 비즈니스 가치를 무엇인지 알아본다. 그리고 API를 비즈니스에 통합하는 전략을 다룬다.

API의 기본 개념과 특징

API(Application Programming Interface)는 컴퓨터나 소프트웨어를 서로 연결하는 도구를 의미한다. 쉽게 말해, API는 서로 다른 소프트웨어 시스템이 원활하게 통신하고 데이터를 주고받을 수 있도록 돕는 매개체 역할을 한다. 이는 마치 전기 플러그와 콘센트가 서로 다른 전자기기를 연결해 주는 것과 비슷한 개념이다. API는 다양한 형태로 존재하며, 웹 API, 라이브러리 API, 운영체제 API 등 여러 종류가 있다. 이 중에서도 웹 API는 인터넷을 통해 접근할 수 있는 API로, 오늘날 많은 애플리케이션과 서비스가 API를 통해 데이터를 주고받고 기능을 확장한다.

API의 기본 개념을 이해하기 위해서는 몇 가지 핵심 요소를 알아야 한다. 첫째, 엔드포인트(Endpoint)다. 엔드포인트는 API가 제공하는 특정 기능이나 데이터에 접근할 수 있는 URL을 의미한다. 예를 들어, 날씨 정보를 제공하는 API의 엔드포인트는 특정 도시의 날씨 데이터를 요청할 수 있는 URL이 될 수 있다. 둘째, 요청(Request)과 응답(Response)이다. 사용자(클라이언트 또는 애플리케이션)가 API에 요청을 보내면, 서버는 이에 대한 응답을 반환한다. 요청은 일반적으로 HTTP 메

서드(GET, POST, PUT, DELETE 등)를 사용해 이루어지며, 응답은 주로 JSON 또는 XML 형식으로 반환된다.

API의 특징

API의 특징 중 하나는 추상화(Abstraction)다. API는 복잡한 기능을 단순화해 제공함으로써 개발자가 내부 구현 방식을 알 필요 없이 기능을 사용할 수 있게 한다. 예를 들어, 결제 API를 사용하면 복잡한 결제 처리 로직을 직접 구현할 필요 없이 간단한 함수 호출만으로 결제 기능을 구현할 수 있다. 이는 개발 시간을 단축시키고, 코드의 유지보수성을 높이는 데 큰 도움이 된다.

또 다른 특징은 재사용성(Reusability)이다. API는 한 번 개발되면 여러 애플리케이션에서 재사용할 수 있다. 이는 개발 비용을 절감하고, 일관된 기능을 제공하는 데 유리하다. 예를 들어, 소셜 미디어 API를 사용하면 여러 애플리케이션에서 동일한 소셜 미디어 기능을 구현할 수 있다. 이는 사용자 경험을 일관되게 유지하는 데도 도움이 된다.

또 다른 API의 특징 중 하나는 보안(Security)이다. API는 민감한 데이터를 주고받을 수 있기 때문에 보안이 매우 중요하다. API를 통해 데이터와 기능에 접근할 때,

인증과 권한 부여 과정을 거치게 된다. 이는 민감한 데이터나 중요한 기능에 대한 접근을 제어하는 데 유용하다. 예를 들어 금융 애플리케이션에서 금융거래 API를 사용할 때, 사용자 인증과 권한 검증을 통해 보안을 강화할 수 있다.

마지막으로 확장성(Scalability)이다. API는 다양한 클라이언트와 서버 간의 통신을 지원하기 때문에 시스템의 확장성을 높이는 데 중요한 역할을 한다. 새로운 기능이나 서비스를 추가할 때, 기존 시스템을 크게 변경하지 않고도 API를 통해 쉽게 통합할 수 있다. 이는 비즈니스 요구 사항이 변화할 때 유연하게 대응할 수 있게 한다.

결론적으로, API는 소프트웨어 개발에서 필수적인 요소로 자리 잡고 있다. API를 통해 소프트웨어 간의 상호작용이 원활해지고, 개발 효율성이 크게 향상된다. 특히 생성 AI와 같은 복잡한 시스템에서는 API를 통해 다양한 기능을 손쉽게 통합하고 확장할 수 있다. 따라서 API의 기본 개념과 특징을 잘 이해하는 것은 성공적인 소프트웨어 개발과 운영에 매우 중요하다.

API의 비즈니스 가치와 활용 사례

API는 소프트웨어 간의 상호작용을 가능하게 하는 인터페이스로, 생성 AI의 기능을 외부 애플리케이션이나 서비스와 통합하는 데 중요한 역할을 한다. API는 생성 AI의 잠재력을 극대화하고, 이를 통해 비즈니스에 실질적인 가치를 제공할 수 있다. API의 비즈니스 가치와 다양한 활용 사례를 살펴보자.

비즈니스 가치

(1) 확장성 및 유연성: API는 생성 AI의 기능을 다양한 플랫폼과 애플리케이션에 쉽게 통합할 수 있게 해 준다. 이를 통해 기업은 기존 시스템을 크게 변경하지 않고도 새로운 기능을 추가할 수 있다. 예를 들어 고객 서비스 챗봇에 생성 AI를 통합하면 고객 문의에 대한 자동 응답 기능을 손쉽게 구현할 수 있다.

(2) 비용 절감: API를 통해 생성 AI를 활용하면 자체적으로 AI 모델을 개발하고 유지보수하는 데 드는 비용을 절감할 수 있다. 예를 들어 클라우드 기반의 AI API를 사용하면 초기 투자 비용 없이도 최신 AI 기술을 활용할 수 있다. 이는 특히 중소기업에 큰 이점이 된다. 또 API를 사용하면 새로운 기능을 빠르게 개발하고 시장에 출시할 수 있다. 이는 경쟁이 치열한 시장에서 중요한 경쟁 우위가 될 수 있다.

(3) 데이터 활용 극대화: API는 다양한 데이터 소스와의 통합을 쉽게 해 더 풍부한 데이터를 기반으로 한 인사이트를 제공한다. 예를 들어, 마케팅 캠페인에서 고객 행동 데이터를 생성 AI와 결합해 더 정교한 타기팅 전략을 수립할 수 있다. 또 자연어 처리 API를 활용해 대량의 텍스트 데이터를 분석하고, 유의미한 인사이트를 도출할 수 있다.

비즈니스 활용 사례

(1) 전자상거래: 전자상거래 플랫폼은 API를 통해 개인화된 쇼핑 경험을 제공할 수 있다. 예를 들어, 고객의 구매 이력과 검색 패턴을 분석해 맞춤형 제품 추천을 제공하는 기능을 API를 통해 쉽게 구현할 수 있다. 이는 고객 만족도를 높이고, 매출 증대로 이어질 수 있다.

(2) 금융 서비스: 금융 기관은 API를 활용해 고객 서비스와 리스크 관리를 개선할 수 있다. 예를 들어 챗봇을 통해 고객의 계좌 정보나 거래 내역을 실시간으로 제공하거나, AI 기반의 사기 탐지 시스템을 통해 비정상적인 거래를 신속하게 감지할 수 있다.

(3) 헬스케어: 헬스케어 분야에서는 API를 통해 환자 데이터를 분석하고, 맞춤형 치료 계획을 수립할 수 있다.

예를 들어, 환자의 의료 기록과 최신 연구 데이터를 결합해 최적의 치료 방법을 추천하는 시스템을 구축할 수 있다. 이는 의료 서비스의 질을 높이고, 환자의 치료 결과를 개선하는 데 기여할 수 있다.

(4) 미디어 및 엔터테인먼트: 미디어 기업은 API를 활용해 콘텐츠 생성과 관리를 자동화할 수 있다. 예를 들어 뉴스 기사를 자동으로 작성하거나 사용자 선호도를 분석해 맞춤형 콘텐츠를 추천하는 기능을 구현할 수 있다. 이는 콘텐츠 생산 비용을 절감하고, 사용자 참여도를 높이는 데 도움이 된다.

(5) 교육: 교육 분야에서는 API를 통해 개인화된 학습 경험을 제공할 수 있다. 예를 들어, 학생의 학습 패턴을 분석해 맞춤형 학습 자료를 추천하거나, 자동으로 과제를 채점하는 시스템을 구축할 수 있다. 이는 교육의 효율성을 높이고 학생들의 학습 성과를 향상시키는 데 기여할 수 있다.

API는 생성 AI의 기능을 다양한 비즈니스 영역에 쉽게 통합할 수 있게 해 주는 강력한 도구다. 이를 통해 기업은 비용을 절감하고, 빠르게 시장에 진입하며, 데이터 활용을 극대화할 수 있다. 다양한 활용 사례를 통해 API

의 비즈니스 가치를 확인할 수 있으며, 이는 기업의 경쟁력을 높이는 중요한 요소가 될 것이다.

생성 AI API 통합 전략

API를 성공적으로 비즈니스에 통합하는 것은 기업의 디지털 전환과 혁신을 가속화하는 중요한 요소다. 그러나 API를 비즈니스에 통합하는 과정은 단순하지 않으며, 여러 가지 전략적 고려 사항이 필요하다. API를 비즈니스에 효과적으로 통합을 통해 기업은 효율성을 극대화하고, 새로운 비즈니스 기회를 창출하며, 고객 경험을 향상시킬 수 있다.

통합 전략은 크게 네 단계로 나눌 수 있다. 요구 사항 분석, 기술 선택, 구현 및 테스트, 그리고 유지보수 및 최적화다.

요구 사항 분석

API를 통합하기 전에, 기업의 비즈니스 목표와 요구 사항을 명확히 정의하는 것이 중요하다. 이를 위해 다음과 같은 질문을 고려해야 한다.

– 비즈니스 목표: API를 통해 달성하고자 하는 구체적인 목

표는 무엇인가? 예를 들어, 고객 서비스 개선, 마케팅 자동화, 제품 추천 시스템 강화 등이 있을 수 있다.

– 기능 요구 사항: API가 제공해야 하는 주요 기능은 무엇인가? 텍스트 생성, 이미지 생성, 데이터 분석 등 다양한 기능이 있을 수 있다.

– 성능 요구 사항: API의 응답 시간, 처리 속도, 확장성 등 성능 관련 요구 사항을 정의해야 한다.

– 보안 요구 사항: 데이터 프라이버시와 보안을 어떻게 보장할 것인가? 특히, 민감한 데이터를 다루는 경우 보안이 중요한 고려 사항이다.

API 선택

요구 사항 분석이 완료되면, 적절한 API를 선택하는 단계로 넘어간다. 이 과정에서는 다음 요소들을 고려해야 한다.

– 기능성: API가 제공하는 기능이 생성 AI의 요구 사항을 충족하는지 확인해야 한다. 예를 들어, 텍스트 생성 AI를 사용하려면 자연어 처리 기능을 제공하는 API가 필요하다.

– 확장성: API가 확장 가능한지, 즉 사용량이 증가해도 성능이 유지되는지 확인해야 한다.

– 보안성: 데이터 보안과 프라이버시를 보장하는 API를 선택해야 한다. 특히, 민감한 데이터를 다룰 때는 더욱 중요하다.

– 비용: API 사용에 따른 비용 구조를 이해하고, 예산 내에서 효율적으로 사용할 수 있는지 확인해야 한다.

오픈AI, 구글, 마이크로소프트 등 다양한 API 제공 회사들이 있다. 각 API 제공자의 강점과 약점을 비교 분석해서 API를 선택한다.

API 구현 및 테스트

적절한 API를 선택한 후에는 실제로 시스템에 통합하는 단계다. 이 과정은 다음과 같은 단계로 진행된다.

– 설계: API와 생성 AI 간의 데이터 흐름을 설계한다. 이 단계에서는 데이터 형식, 전송 방법, 오류 처리 방안 등을 구체적으로 계획한다.

– 개발: 설계된 내용을 바탕으로 실제 코드를 작성한다. 이 과정에서는 API 호출, 데이터 변환, 오류 처리 등을 구현한다.

– 테스트: 통합된 시스템이 제대로 작동하는지 확인하기

위해 다양한 테스트를 수행한다. 기능 테스트, 성능 테스트, 보안 테스트 등을 통해 문제를 발견하고 수정한다.

– 배포: 테스트를 마친 후, 통합된 시스템을 실제 환경에 배포한다.

유지보수 및 최적화

API 통합이 완료된 후에는 지속적인 유지보수와 최적화가 필요하다. 이를 위해 다음과 같은 활동을 수행한다.

– 모니터링: API의 성능과 안정성을 지속적으로 모니터링한다. 이를 통해 문제 발생 시 빠르게 대응할 수 있다.

– 업데이트: API 제공자가 새로운 기능이나 보안 패치를 제공할 경우, 이를 신속하게 적용한다.

– 최적화: 시스템의 성능을 지속적으로 최적화한다. 예를 들어 API 호출 빈도를 조절하거나, 응답 시간을 단축한다.

– 사용자 피드백: 최종 사용자로부터 피드백을 수집하고, 이를 반영해 시스템을 개선한다.

모든 기업 API가 필요한 것은 아니지만, API 통합 전략은 단순히 기술적인 문제를 해결하는 것을 넘어 기업의 비즈니스 목표를 달성하는 데 중요한 역할을 할 수 있다.

요구 사항 분석, API 선택, API 구현 및 테스트, 유지보수 및 최적화의 각 단계를 체계적으로 수행함으로써 API를 효과적으로 통합하고 이를 통해 기업의 경쟁력을 강화할 수 있다.

참고문헌

위키피디아. API.
https://ko.wikipedia.org/wiki/API

Habib, H.(2024). *OpenAI API Cookbook*. Packt Publishing.

Martin Yanev 지음, 단무지 옮김(2024). 『챗GPT API를 사용하여 AI 애플리케이션 구축』. 홍릉.

OpenAI API reference.
https://platform.openai.com/docs/api-reference/runs-v1

Pedro, B.(2024). *Building an API Product*. Packt Publishing.

챗GPT 프롬프트

1. 우리 회사의 비즈니스 모델에 적합한 API의 정의와 주요 기능을 설명해 주세요.

2. API를 도입함으로써 우리 회사가 얻을 수 있는 주요 비즈니스 가치는 무엇인가요? 구체적인 사례를 들어 설명해 주세요.

3. 우리 업계에서 성공적으로 API를 활용한 기업들의 사례를 소개해 주세요. 그들이 API를 통해 어떤 문제를 해결했는지 알고 싶습니다.

4. API를 우리 회사의 기존 시스템에 통합하기 위한 최적의 전략은 무엇인가요? 단계별로 필요한 절차와 고려 사항을 설명해 주세요.

5. API 통합 후 성능을 최적화하고 유지보수하는 방법에 대해 설명해 주세요. 특히, 지속적인 업데이트와 모니터링 방안이 궁금합니다.

10
차세대 생성 AI 애플리케이션 구축

차세대 생성 AI 애플리케이션 구축은 기업이 디지털 전환을 가속화하고, 미래의 시장에서 선도적인 위치를 차지할 수 있도록 돕는 핵심 요소이다. 이는 단순한 기술적 진보를 넘어, 비즈니스 혁신의 새로운 장을 열어준다. 생성 AI의 트렌드와 기술변화를 살펴보며, 멀티 에이전트 애플리케이션 구축과 자율 AI가 어떻게 경쟁력을 강화할 수 있는지 다룬다.

생성 AI의 트렌드와 기술발전

생성 AI는 최근 급격한 발전을 이루며 다양한 산업 분야에서 혁신을 주도하고 있다. 생성 AI의 최신 트렌드와 기술 발전에 대해 다루어 보자. 아래의 트렌드는 포괄적인 연구와 전문가들이 공유한 인사이트를 토대로 도출했다.

멀티모달 거대언어모델의 발전

멀티모달 거대언어모델은 텍스트뿐만 아니라 이미지, 음성, 영상 등 다양한 형태의 데이터를 동시에 처리할 수 있는 능력을 갖추고 있다. 이러한 모델은 단일 모달 데이터에 비해 더 풍부한 정보를 제공하며, 복잡한 문제를 해결하는 데 유리하다. 예를 들어, 오픈AI의 GPT-4는 텍스트와 이미지를 동시에 이해하고 생성할 수 있는 능력을 갖추고 있어서 의료 영상 분석, 자율 주행, 콘텐츠 생성 등 다양한 분야에 활용될 수 있다. 향후 나오게 될 GPT-5 모델은 GPT-4보다 고급 멀티모달 기능과 복잡한 문제 해결을 위한 추론 능력을 제공해 더 창의적이고 더 정확하고 더 유용한 모델이 될 것으로 예상된다.

산업별 특화 모델의 등장

생성 AI는 이제 특정 산업에 특화된 모델로 발전하고 있다. 예를 들어 금융, 교육, 의료, 법률, 문화, 마케팅 등 각 산업의 특수한 요구 사항을 반영한 모델들이 개발되고 있다. 이러한 특화 모델은 일반적인 모델보다 더 높은 정확도와 효율성을 제공하며, 산업별 문제 해결에 최적화되어 있다. 예를 들어 의료 분야에서는 환자의 진단과 치료 계획을 지원하는 AI 모델이 개발되고 있으며, 금융 분야에서는 시장 예측과 리스크 관리에 활용되고 있다. 마케팅 분야에서는 새로운 창작물이나 다양한 콘텐츠 제작에 사용되고 있다.

AI 규제와 윤리

생성 AI의 발전과 함께 AI 규제와 윤리 문제도 중요한 이슈로 떠오르고 있다. AI 기술이 사회에 미치는 영향을 고려해 각국 정부와 국제 기구는 AI 규제 정책을 마련하고 있다. 미국, 유럽연합, 인도 및 기타 국가에서 행정 명령이 통과된 것은 AI 부문에서 더 엄격한 규제로의 전환을 나타낸다. 예를 들어 유럽연합은 AI 규제 법안을 통해 AI 시스템의 투명성, 안전성, 책임성을 강화하고 있다. 또한 AI 윤리 가이드라인을 통해 AI 개발자와 사용자에게 윤리적 책임을 강조하고 있다.

소형언어모델의 등장

소형언어모델(Small Language Model: SLM)은 거대언어모델(LLM)에 비해 더 적은 자원으로 높은 성능을 발휘할 수 있는 모델이다. 소형언어모델은 기본적으로 거대언어모델의 구조와 유사하며, 둘 다 트랜스포머(Transformer)를 기반으로 한다. 차이점은 규모와 특정 사용 사례에 맞게 미세조정된 최적화에 있다. 매개변수가 수백만 개에서 100억 개 이하인 언어 모델은 소형언어모델로 간주된다. 이러한 효율적인 모델은 특히 엣지(Edge) 디바이스에서의 활용 가능성을 높이고 있다. 예를 들어 스마트폰, IoT 기기 등에서 실시간으로 데이터를 처리하고 분석할 수 있는 능력을 갖춘 소형언어모델은 다양한 응용 분야에서 큰 잠재력을 가지고 있다.

오픈 소스 모델의 확산

오픈 소스 모델의 확산은 AI 혁신을 민주화하는 데 중요한 역할을 하고 있다. 오픈 소스 모델은 누구나 접근할 수 있어 전 세계의 연구자와 개발자가 협력해 AI 기술을 발전시킬 수 있는 환경을 제공한다. 예를 들어, 허깅페이스(Hugging Face)는 35만 개 이상의 모델, 7만5천 개 데이터 세트, 15만 개 이상의 데모 앱을 갖춘 플랫폼으로, 모두 오픈 소스로 공개적으로 이용 가능하며, 사람들이 쉽게 협업하고 함께 AI 모델을 구축할 수 있는 온라인 플랫폼이다.

AGI와 양자 컴퓨팅의 전망

인공지능의 궁극적인 목표인 일반인공지능(Artificial General Intelligence: AGI)과 양자 컴퓨팅의 발전도 주목할 만한 트렌드다. AGI는 인간과 유사한 수준의 지능을 갖춘 AI를 의미하며, 현재의 특화된 AI 모델을 뛰어넘는 능력을 갖추게 될 것이다. 양자 컴퓨팅은 기존의 컴퓨팅 한계를 뛰어넘는 성능을 제공해 AI 모델의 학습과 추론 속도를 획기적으로 향상시킬 수 있는 잠재력을 가지고 있다.

지금까지 생성 AI의 최신 트렌드와 기술 발전에 대해 살펴보았다. 멀티모달 LLM, 산업별 특화 모델, AI 규제와 윤리, 효율적인 SLM, 오픈 소스 모델, AGI와 양자 컴퓨팅 등 다양한 측면에서 생성 AI의 미래를 전망해 보았다. 생성 AI는 앞으로도 계속해서 발전하며, 우리의 삶과 산업에 큰 변화를 가져올 것이다. 우리는 이제 이러한 변화를 주도하는 데 필요한 지식과 도구를 갖추고, 새로운 가능성을 열고 나아간다.

다중 에이전트 애플리케이션 구축

다중 에이전트 애플리케이션(Multi-Agent Application)은 여러 개의 독립적이면서도 상호작용하는 에이전트들이 협력해 복잡한 문제를 해결하는 시스템을 의미한다. 이러한 애플리케이션은 특히 생성 AI 분야에서 그 잠재력이 매우 크다. 다중 에이전트 시스템(Multi Agent System)은 다양한 분야에서 활용될 수 있으며, 각각의 에이전트는 특정한 역할과 기능을 수행하면서 전체 시스템의 목표를 달성하는 데 기여한다.

다중 에이전트 시스템의 기본 개념

다중 에이전트 시스템은 여러 개의 에이전트가 독립적으로 작동하면서도 상호작용을 통해 협력하는 구조를 갖는다. 각 에이전트는 자율적으로 동작하며, 특정한 목표를 가지고 있다. 이들은 환경과 상호작용하며, 다른 에이전트와의 커뮤니케이션을 통해 정보를 교환하고 협력한다. 이러한 시스템은 복잡한 문제를 분산해 해결할 수 있는 장점을 가지고 있다.

다중 에이전트 애플리케이션의 구성 요소

다중 에이전트 애플리케이션을 구축하기 위해서는 다음과 같은 구성 요소들이 필요하다.

(1) 에이전트(Agent): 자율적으로 동작하며 특정한 목표를 가진 소프트웨어다. 에이전트는 환경과 상호작용하고, 다른 에이전트와 커뮤니케이션하며, 학습과 적응을 통해 성능을 향상시킬 수 있다.

(2) 환경(Environment): 에이전트가 상호작용하는 공간이다. 환경은 에이전트에게 정보를 제공하며, 에이전트의 행동에 따라 변화할 수 있다.

(3) 커뮤니케이션(Communication): 에이전트 간의 정보 교환을 위한 메커니즘이다. 이를 통해 에이전트들은 협력하고 조율할 수 있다.

(4) 목표(Goal): 에이전트가 달성하고자 하는 목적이다. 각 에이전트는 개별적인 목표를 가질 수 있으며, 전체 시스템의 목표를 달성하기 위해 협력한다.

다중 에이전트 애플리케이션 구축 방법 중 하나: 오토젠

랭체인, 오토젠, 메타GPT(MetaGPT) 등과 같은 견고한 프레임워크로 생성 AI 애플리케이션을 구축하고 있다. 그중 최근에 마이크로소프트의 오토젠과 같은 프레임워크가 등장하면서 다중 에이전트 시스템 구축이 더욱 용이해졌다.

오토젠은 마이크로소프트에서 개발한 오픈소스 프레임워크로, 다중 에이전트 시스템을 쉽게 구축하고 관리할 수 있도록 설계되었다. 이 프레임워크는 에이전트 간의 상호작용을 자동화하고, 복잡한 작업을 분산 처리할 수 있는 기능을 제공한다. 오토젠의 주요 특징은 다음과 같다.

(1) 에이전트 간의 원활한 통신: 오토젠은 에이전트 간의 통신을 효율적으로 관리할 수 있는 메시징 시스템을 제공한다. 이를 통해 에이전트들은 서로의 상태를 실시간으로 공유하고, 협력해 문제를 해결할 수 있다.

(2) 모듈화된 설계: 오토젠은 각 에이전트를 독립적인 모듈로 설계할 수 있도록 지원한다. 이를 통해 사용자는 각 에이전트를 개별적으로 개발하고 테스트할 수 있으며, 필요에 따라 쉽게 추가하거나 제거할 수 있다.

(3) 확장성: 오토젠은 대규모 시스템에서도 안정적으로 작동할 수 있도록 설계되었다. 이를 통해 수십, 수백 개의 에이전트가 동시에 작동하는 복잡한 시스템도 구축할 수 있다.

(4) 자동화된 작업 분배: 오토젠은 작업을 자동으로 분배하고, 각 에이전트가 최적의 성능을 발휘할 수 있도록 조정한다. 이를 통해 시스템 전체의 효율성을 극대화할 수 있다.

다중 에이전트 애플리케이션의 구축 과정: 오토젠

다중 에이전트 애플리케이션을 구축하기 위해서는 다음과 같은 단계를 거쳐야 한다.

(1) 요구 사항 분석: 먼저 해결하고자 하는 문제를 명확히 정의하고, 이를 해결하기 위해 필요한 에이전트의 종류와 역할을 분석한다. 예를 들어 고객 지원 시스템을 구축하려는 경우, 고객 문의를 처리하는 에이전트, 문제를 분석하는 에이전트, 해결책을 제안하는 에이전트 등이 필요할 수 있다.

(2) 에이전트 설계: 각 에이전트의 기능과 상호작용 방식을 설계한다. 이 단계에서는 에이전트 간의 통신 프

로토콜, 데이터 공유 방식, 협력 전략 등을 정의해야 한다. 오토젠을 사용하면 이러한 설계를 보다 쉽게 구현할 수 있다.

(3) 개발 및 테스트: 설계된 에이전트를 개발하고 개별적으로 테스트한다. 오토젠은 모듈화된 설계를 지원하므로, 각 에이전트를 독립적으로 개발하고 테스트할 수 있다. 이를 통해 개발 과정에서 발생할 수 있는 오류를 최소화할 수 있다.

(4) 통합 및 배포: 개별적으로 개발된 에이전트를 통합해 전체 시스템을 구축한다. 이 단계에서는 에이전트 간의 상호작용을 테스트하고, 시스템의 성능을 최적화해야 한다. 오토젠의 메시징 시스템과 자동화된 작업 분배 기능을 활용하면 통합 과정이 더욱 원활해진다.

(5) 운영 및 유지보수: 구축된 시스템을 운영하면서 발생하는 문제를 해결하고, 필요에 따라 시스템을 업그레이드한다. 오토젠은 확장성을 제공하므로, 시스템의 규모가 커지더라도 안정적으로 운영할 수 있다.

다중 에이전트 애플리케이션의 구축 사례: 오토젠 활용

오토젠을 활용한 다중 에이전트 애플리케이션의 대표적인 사례로는 스마트 팩토리, 자동화된 고객 지원 시스템,

금융 데이터 분석 등이 있다.

그중에서 오토젠을 활용해 고객 지원 시스템을 구축한다고 가정해 본다. 이 시스템은 다음과 같은 에이전트들로 구성될 수 있다.

(1) 고객 문의 처리 에이전트: 고객의 문의를 접수하고, 필요한 정보를 수집한다.

(2) 문제 분석 에이전트: 접수된 문의를 분석하고, 문제의 원인을 파악한다.

(3) 해결책 제안 에이전트: 분석된 문제에 대한 해결책을 제안한다.

(4) 피드백 수집 에이전트: 고객의 피드백을 수집하고, 시스템의 성능을 개선한다.

이러한 다중 에이전트들은 오토젠의 메시징 시스템을 통해 실시간으로 상호작용하며, 고객의 문제를 신속하고 정확하게 해결할 수 있다. 또한, 오토젠의 자동화된 작업 분배 기능을 활용하면, 각 에이전트가 최적의 성능을 발휘할 수 있도록 조정할 수 있다.

결론적으로, 다중 에이전트 애플리케이션은 다양한 산업 분야에서 혁신적인 변화를 가져올 수 있는 잠재력을 지니고 있다. 또 복잡한 문제를 해결하고, 다양한 작업을 효율적으로 수행할 수 있는 강력한 도구다. 오토젠은 다중 에이전트 시스템 중 하나의 예시다. 다른 시스템을 활용해도 상관은 없다. 다만 오토젠과 같은 프레임워크를 활용하면 이러한 시스템을 더 쉽게 구축하고 관리할 수 있는 장점이 있다. 기업은 이 다중 에이전트 시스템을 통해 업무 효율성을 극대화하고, 기업 경쟁력을 강화할 수 있다.

자율 AI와 자율 에이전트

자율 AI(Autonomous AI)와 자율 에이전트(Autonomous Agent)는 차세대 생성 AI 애플리케이션의 핵심 요소로, 사람의 개입 없이도 독립적으로 학습하고 결정을 내릴 수 있는 시스템을 의미한다. 이러한 기술은 다양한 산업 분야에서 혁신을 주도하고 있으며, 특히 비즈니스 운영, 고객 서비스, 제조업, 헬스케어 등에서 큰 변화를 일으키고 있다.

자율 AI는 사람의 개입 없이 스스로 학습하고 결정을 내릴 수 있는 인공지능을 의미한다. 이는 머신러닝과 딥러닝 기술의 발전으로 가능해졌으며, 데이터 분석, 패턴 인식, 예측 모델링 등 다양한 분야에서 활용되고 있다.

자율 에이전트는 이러한 자율AI를 구체적으로 구현한 시스템이나 소프트웨어를 말한다. 이들은 특정한 목표를 달성하기 위해 환경과 상호작용하며, 스스로 학습하고 적응하는 능력을 갖추고 있다. 자율 주행 자동차는 자율 에이전트의 대표적인 사례로, 도로 상황을 실시간으로 분석하고 최적의 경로를 선택해 안전하게 목적지에 도달한다.

자율 AI와 자율 에이전트의 핵심은 '자율성'이다. 이는 시스템이 사전에 정의된 규칙이나 명령에 의존하지 않고, 상황에 따라 최적의 결정을 내릴 수 있는 능력을 의미한다. 이를 위해 강화학습(Reinforcement Learning)과 같은 기술이 사용되며, 이는 에이전트가 환경과 상호작용을 통해 보상을 최대화하는 방향으로 학습하는 방법이다.

자율 AI와 자율 에이전트는 다양한 산업에서 혁신을 이끌고 있다. 금융 분야에서는 자율 에이전트가 시장 데이터를 분석해 투자 결정을 내리고, 제조업에서는 자율 로봇이 생산 라인을 최적화한다. 헬스케어 분야에서는 자율 AI가 환자의 데이터를 분석해 맞춤형 치료 계획을 제안한다.

결론적으로, 자율 AI와 자율 에이전트는 차세대 생성

AI 애플리케이션의 중요한 구성 요소로서 기업의 경쟁력을 강화하고, 혁신을 촉진하는 데 핵심적인 역할을 한다. 자율 AI와 자율 에이전트의 발전은 앞으로 더욱 자율적이고 지능적인 시스템을 가능하게 한다. 그리고 우리의 삶을 더욱 편리하고 풍요롭게 만들 것이다. 미래는 AI다. 미래를 만들기 위해서 우리는 AI를 다룬다.

참고문헌

Alto, V.(2024). *Building LLM Powered Applications.* Packt Publishing.

Auffarth, B.(2023). *Generative AI with LangChain: Build large language model (LLM) apps with Python, chatGPT, and other LLMs.* Packt Publishing.

AutoGen Documentation, https://microsoft.github.io/autogen/

Singh, P. & Karuparti, A.(2024). *Generative AI for Cloud Solutions.* Packt Publishing.

챗GPT 프롬프트

1. 생성 AI 기술의 최신 발전 사항을 반영해 우리 회사의 제품이나 서비스에 어떻게 적용할 수 있을까요?

2. 다중 에이전트 시스템을 구축할 때 고려해야 할 주요 요소는 무엇인가요? 이를 통해 우리 회사의 운영 효율성을 어떻게 향상시킬 수 있을까요?

3. 다중 에이전트 애플리케이션을 통해 고객 경험을 개선할 수 있는 방법은 무엇인가요? 구체적인 사례를 들어 설명해 주세요.

4. 자율 AI와 자율 에이전트 기술을 도입함으로써 우리 회사의 비즈니스 프로세스를 어떻게 자동화할 수 있을까요? 구체적인 적용 사례를 제시해 주세요.

5. 자율 AI와 자율 에이전트를 활용해 우리 회사의 경쟁력을 강화할 수 있는 전략은 무엇인가요? 이를 통해 예상되는 투자 대비 수익(ROI)은 어떻게 될까요?

윤두희

㈜인프라투코리아 대표다. AI&빅데이터 경영연구소를 운영하며, AI와 빅데이터를 연구하고 있다. 금융 데이터, 기업 데이터, 마케팅 데이터 등 다양한 데이터 관리 업무를 했다(2010~2017). 데이터바우처지원사업에서 공급기업 역할을 수행하고, 데이터 수집 및 가공 프로젝트와 다수의 머신러닝과 딥러닝 프로젝트를 진행했다(2019~2020). 육군에서 군 간부를 대상으로 인공지능 소양 교육을 강의하고 있다. AI를 주제로 기업 강의와 AI 도입 컨설팅을 진행하고 있으며 "감사 AI"라는 유튜브를 운영하고 있다. 한국인공지능협회 회원으로 활동하고 있다. 주요 저서로 『빅데이터가 나를 위해 일할 때까지』(2019)가 있다. 빅데이터 프로젝트 부문에서 한국데이터산업진흥원표창(2020)을 수상했다.